La Fabrique Du Consentement

Décryptage des techniques de manipulation de masse

Sommaire

Introduction à la manipulation de masse et au consentement

La manipulation de masse est un concept complexe qui implique l'utilisation de techniques et de stratégies pour influencer les comportements, les opinions et les croyances des masses. Elle est omniprésente dans notre société contemporaine, où les gouvernements, les entreprises et les médias cherchent à façonner notre façon de penser et de nous comporter.

Le consentement, quant à lui, est une notion qui fait référence à l'approbation ou à l'acceptation d'une idée ou d'une proposition. Dans le contexte de la manipulation de masse, le consentement est souvent obtenu en utilisant des techniques de persuasion et d'influence pour amener les gens à accepter des idées qui vont à l'encontre de leurs propres intérêts.

L'histoire de la manipulation de masse remonte à l'Antiquité, où les dirigeants utilisaient des discours et des cérémonies pour influencer les foules. Au fil du temps, les techniques de manipulation se sont perfectionnées, et aujourd'hui, elles sont omniprésentes dans les médias de masse, les campagnes de marketing, les élections politiques, les conflits armés et les mouvements sociaux.

Les acteurs clés impliqués dans la manipulation de masse sont multiples et variés. Les gouvernements utilisent souvent la propagande pour influencer l'opinion publique et justifier leurs actions politiques. Les entreprises utilisent des campagnes de marketing sophistiquées pour vendre leurs produits. Les médias de masse ont un pouvoir immense dans la diffusion de l'information et la création de l'opinion publique.

Pour mieux comprendre la manipulation de masse, il est essentiel de s'appuyer sur les théories de la communication et du contrôle social. Le modèle de propagande d'Herman et Chomsky, la théorie de l'agenda-setting, la théorie de la spirale du silence, la théorie des deux étapes (Two-step flow) et la théorie de la résonance cognitive font partie des principales théories utilisées pour décrypter les mécanismes de la manipulation de masse.

Les techniques de persuasion et d'influence sont également essentielles pour comprendre la manipulation de masse. Les principes de persuasion de Cialdini, la répétition, la désinformation, l'appel à l'autorité, l'effet de simple exposition, l'influence normative et informationnelle, les techniques de storytelling et de framing sont autant de stratégies utilisées pour manipuler les masses.

Les biais cognitifs jouent également un rôle important dans la manipulation de masse. Les biais de confirmation, de groupe, d'ancrage, d'effet de halo et de croyance aveugle sont des exemples de biais cognitifs qui peuvent être exploités pour manipuler les opinions.

La psychologie des foules et le comportement collectif sont également des domaines clés pour comprendre la manipulation de masse. Les théories de Gustave Le Bon et de Sigmund Freud, le conformisme, l'obéissance et la désindividualisation, le phénomène de polarisation de groupe et l'effet de désinhibition en ligne sont autant de phénomènes qui peuvent être utilisés pour influencer les comportements de masse.

Les médias de masse sont également un élément clé de la manipulation de masse. La concentration des médias et le pouvoir économique, les fake news et la post-vérité, les stratégies de diversion et de polarisation, les techniques de gatekeeping et de framing, et l'influence des relations publiques et du lobbying sont autant de stratégies utilisées pour influencer la diffusion de l'information et les opinions publiques.

Avec l'essor des réseaux sociaux, de nouvelles formes de manipulation de masse ont vu le jour. Les effets des chambres d'écho et des bulles de filtres, la viralité et les mécanismes d'engagement, les bots et trolls, les algorithmes et la polarisation des opinions, et le micro-ciblage et les publicités personnalisées sont des exemples de techniques qui peuvent être utilisées pour influencer les comportements et les opinions en ligne.

La manipulation de masse est également un enjeu important en politique. Les techniques de communication politique, l'utilisation de sondages et de données pour manipuler l'opinion, la gestion de l'image et du discours politique, les techniques de gerrymandering et de suppression des électeurs sont autant de stratégies utilisées pour influencer les résultats des élections et les opinions politiques.

Cependant, il est important de résister à la manipulation

de masse et de promouvoir la pensée critique et la
conscience citoyenne. L'éducation aux médias et à
l'information, l'importance de la diversité des sources
d'information, le développement de l'esprit critique et de
la pensée rationnelle, l'encouragement du dialogue et
du débat constructif, et le rôle des lanceurs d'alerte et
des organisations de vérification des faits sont autant de
stratégies pour lutter contre la manipulation de masse.

Définition de la manipulation de masse et du consentement

La manipulation de masse peut être considérée comme une
forme d'influence sociale à grande échelle qui repose sur
l'utilisation d'un ensemble de techniques et de stratégies
de persuasion visant à modifier les opinions, les attitudes
et les comportements d'un grand groupe de personnes.
Les techniques de manipulation de masse peuvent varier,
allant de la répétition de messages clés à la création
d'une atmosphère de peur ou de menace, en passant
par l'utilisation de personnalités publiques pour susciter
l'adhésion à une cause.

Le consentement, quant à lui, se réfère à l'acceptation ou
l'approbation consciente et volontaire d'une proposition,
d'une demande ou d'une action. Dans le contexte de la
manipulation de masse, le consentement peut être obtenu
de manière artificielle à travers différents moyens, tels
que la persuasion, la pression sociale ou la manipulation.
Les techniques de persuasion, telles que les principes de
persuasion de Cialdini, peuvent être utilisées pour amener
les gens à changer d'opinion ou à adopter un comportement

spécifique. La pression sociale, quant à elle, peut être exercée par le groupe ou la communauté pour encourager la conformité aux normes sociales.

Il est important de souligner que la manipulation de masse peut être utilisée à des fins positives ou négatives. Les gouvernements peuvent l'utiliser pour mobiliser l'opinion publique en faveur d'une cause légitime, telles que la promotion de la santé publique. Cependant, la manipulation de masse peut également être utilisée de manière abusive pour tromper les gens ou pour promouvoir des idéologies extrémistes et antidémocratiques.

Les médias, les groupes d'intérêt et les entreprises ont tous des rôles clés à jouer dans la manipulation de masse. Les médias, par exemple, peuvent influencer les opinions publiques en sélectionnant et en présentant des nouvelles selon des biais particuliers, créant ainsi des agendas médiatiques qui définissent les priorités des discussions publiques. Les groupes d'intérêt, tels que les lobbys, peuvent exercer des pressions pour faire avancer leurs agendas particuliers, tandis que les entreprises peuvent utiliser des techniques de marketing pour encourager les gens à acheter leurs produits.

En somme, la manipulation de masse et le consentement sont des concepts étroitement liés qui jouent un rôle crucial dans notre compréhension de la manière dont les opinions et les comportements peuvent être influencés à grande échelle. Comprendre les techniques et les stratégies utilisées pour manipuler les masses est essentiel pour renforcer la pensée critique et la vigilance collective face à la propagande et à la

Objectifs et enjeux de la manipulation de masse

La manipulation de masse est une pratique qui vise à influencer la perception, les croyances et les comportements d'un grand nombre de personnes simultanément. L'objectif principal de cette pratique est de susciter un consentement tacite ou explicite chez les individus visés, afin de les amener à adopter des attitudes et des comportements spécifiques. Les enjeux de la manipulation de masse sont multiples et varient en fonction des acteurs impliqués dans le processus.

L'un des enjeux les plus importants de la manipulation de masse est la propagation de fausses informations et de théories du complot. Dans le contexte actuel de la surcharge d'informations, il est de plus en plus difficile pour les individus de différencier les informations fiables de celles qui ne le sont pas. Les fausses informations peuvent circuler rapidement et se propager à travers les réseaux sociaux et les médias traditionnels, créant ainsi un climat de confusion et de méfiance. Les théories du complot peuvent également être utilisées pour semer la discorde et la division au sein de la société, en mettant en doute la légitimité des institutions et des gouvernements.

Un autre enjeu important de la manipulation de masse est la désensibilisation des individus à la violence et à l'injustice. Les images de violence et d'injustice sont souvent utilisées pour influencer l'opinion publique et susciter des réactions émotionnelles chez les individus. Toutefois, une exposition excessive à ces images peut entraîner une désensibilisation progressive, ce qui peut avoir des conséquences graves sur la perception des individus et leur capacité à réagir aux injustices.

La manipulation de masse peut également avoir des conséquences graves sur la santé mentale et émotionnelle des individus. Les individus qui sont soumis à une manipulation de masse peuvent se sentir trompés, en colère et frustrés, ce qui peut avoir des conséquences négatives sur leur santé mentale et émotionnelle. Les individus peuvent également développer des troubles anxieux et de stress post-traumatique en raison de l'exposition à des événements traumatisants.

Enfin, un enjeu majeur de la manipulation de masse est son impact sur la démocratie. En effet, lorsque les individus ne sont pas en mesure de faire des choix éclairés, cela peut avoir des conséquences graves sur les processus démocratiques. Les élections peuvent être manipulées à travers des techniques telles que le micro-ciblage et la désinformation, ce qui peut avoir un impact significatif sur les résultats électoraux. Les citoyens doivent donc être en mesure de distinguer les informations fiables de celles qui ne le sont pas et de faire des choix éclairés.

En somme, la manipulation de masse est un phénomène complexe qui comporte de nombreux enjeux. Il est important de reconnaître l'existence de cette pratique et d'être en mesure de l'identifier pour pouvoir s'en protéger. Les individus doivent être conscients des techniques utilisées pour la manipulation de masse, afin de pouvoir faire des choix éclairés et développer une pensée critique. Il est également important que les gouvernements, les médias et les entreprises fassent preuve de transparence et de responsabilité dans leur communication avec le public.

Histoire de la manipulation de masse et du consentement

La manipulation de masse et le consentement ont une histoire riche et complexe qui remonte à l'Antiquité. Cependant, c'est avec l'avènement des médias de masse au XXe siècle que la manipulation de masse est devenue une préoccupation majeure pour les sociologues, les psychologues et les citoyens.

Au début du XXe siècle, les régimes totalitaires ont utilisé la manipulation de masse pour contrôler les populations. Les nazis en Allemagne et les communistes en Union soviétique ont utilisé la propagande, la censure, la répression et la terreur pour maintenir leur pouvoir sur les masses. Ils ont également utilisé la théorie de Gustave Le Bon sur la psychologie des foules pour manipuler les masses en créant des boucs émissaires, en suscitant des émotions primaires et en cultivant la peur.

Dans les démocraties occidentales, les gouvernements ont également utilisé la manipulation de masse pour influencer l'opinion publique. Pendant la guerre froide, les gouvernements occidentaux ont utilisé la propagande pour diaboliser l'Union soviétique et les pays communistes. Les médias ont joué un rôle important dans la manipulation de l'opinion publique en présentant une image stéréotypée et simplifiée de l'ennemi. Les médias ont également utilisé des techniques de framing pour présenter les événements sous un angle particulier. Dans les années 1950, le sociologue Paul Lazarsfeld a développé la théorie des deux étapes (Two-step flow) pour décrire le rôle des leaders d'opinion dans la propagation des messages.

Au XXIe siècle, la manipulation de masse est devenue plus subtile et sophistiquée grâce aux nouvelles technologies de l'information et de la communication. Les médias sociaux ont permis aux gouvernements, aux entreprises et aux groupes d'intérêts particuliers de cibler des publics spécifiques avec des messages personnalisés et des publicités ciblées. Les réseaux sociaux ont également créé des bulles de filtres et des chambres d'écho, où les opinions sont renforcées par la validation sociale. Les bots et les trolls sont également utilisés pour amplifier les messages et créer des faux débats.

L'histoire de la manipulation de masse montre que la résistance à cette manipulation est difficile mais possible. Les mouvements sociaux, les lanceurs d'alerte et les organisations de vérification des faits ont joué un rôle important dans la dénonciation de la manipulation de masse. L'éducation aux médias et à l'information est également essentielle pour aider les citoyens à développer leur esprit critique et leur capacité à détecter les tentatives de manipulation. Enfin, les réglementations et les lois peuvent être utiles pour limiter la manipulation de masse par les gouvernements et les entreprises.

En conclusion, la manipulation de masse et le consentement

ont une histoire complexe et variée. Les nouvelles technologies ont créé de nouvelles possibilités pour la manipulation de masse, mais aussi pour la résistance à cette manipulation. La compréhension des techniques de manipulation de masse est essentielle pour une citoyenneté éclairée et pour la protection des droits et des libertés individuelles.

Rôle des acteurs clés dans la manipulation de masse (gouvernements, entreprises, médias)

La manipulation de masse est un phénomène complexe et multifactoriel qui implique souvent la participation de divers acteurs clés, tels que les gouvernements, les entreprises et les médias. Chacun de ces acteurs utilise différents moyens pour influencer les opinions et les comportements des masses en fonction de ses intérêts spécifiques.

Les gouvernements ont souvent des objectifs politiques et sociaux qu'ils cherchent à réaliser. Pour y parvenir, ils utilisent différentes techniques pour influencer l'opinion publique, tels que la propagande, la désinformation, la censure et la répression. Les gouvernements peuvent également utiliser des moyens plus subtils pour manipuler les masses, tels que la mise en place de programmes de formation pour promouvoir une certaine idéologie, l'utilisation de la peur pour inciter les gens à agir d'une certaine manière, ou la diffusion de fausses nouvelles pour discréditer des personnes ou des groupes spécifiques. Il est important de noter que les gouvernements peuvent également utiliser les médias pour diffuser des messages spécifiques.

Les entreprises, quant à elles, ont des intérêts économiques spécifiques qu'elles cherchent souvent à protéger et à promouvoir. Elles peuvent utiliser différentes stratégies pour influencer l'opinion publique et les comportements des consommateurs, telles que la publicité, le lobbying, la gestion de la réputation en ligne, le sponsoring d'événements et le parrainage de célébrités. Les entreprises peuvent également utiliser des techniques de marketing spécifiques pour influencer les décisions d'achat des consommateurs, telles que la création de besoins artificiels, la manipulation de la perception des produits et la création de liens émotionnels avec les consommateurs. Il est important de noter que les entreprises peuvent également utiliser les gouvernements pour protéger leurs intérêts économiques.

Enfin, les médias jouent également un rôle important dans la manipulation de masse. Les médias ont un accès privilégié à l'information et peuvent donc influencer les opinions et les comportements des masses en diffusant des messages spécifiques. Les médias peuvent utiliser différentes stratégies pour influencer l'opinion publique, telles que la sélection des sujets à couvrir, la façon dont ils sont présentés et les informations qu'ils contiennent. Les médias peuvent également utiliser des techniques de manipulation spécifiques, telles que la création de fausses nouvelles, la désinformation, la répétition, la manipulation de l'émotion et la polarisation. Il est important de noter que les médias peuvent également utiliser les entreprises pour financer leurs activités.

Il est donc crucial pour les citoyens de comprendre le rôle de ces acteurs clés dans la manipulation de masse et de développer des compétences critiques pour identifier et contrer les techniques de manipulation utilisées. La formation à l'éducation aux médias et à l'information, ainsi que le développement de l'esprit critique et de la pensée rationnelle, sont essentiels pour renforcer la capacité des citoyens à résister à la manipulation de masse. De plus, la promotion de la transparence et de la responsabilité dans les institutions et les organisations internationales peut contribuer à limiter les abus de pouvoir liés à la manipulation de masse.

En somme, la manipulation de masse est un phénomène qui concerne tout le monde et qui peut avoir des conséquences graves sur la société. Il est important de prendre conscience des différentes techniques de manipulation utilisées par les acteurs clés, afin de ne pas tomber dans le piège de l'opinion publique manipulée.

Théories de la communication et du contrôle social

Dans cette section, nous allons explorer les principales théories de la communication et du contrôle social. Ces théories nous aident à comprendre comment les médias et les institutions influencent les opinions et les comportements des individus.

Le modèle de propagande d'Herman et Chomsky est l'une des théories les plus connues. Selon ce modèle, les médias sont contrôlés par les élites économiques et politiques qui utilisent la propagande pour maintenir leur pouvoir. Les médias se concentrent sur des sujets qui soutiennent les intérêts de ces élites, tandis que les sujets qui menacent leur pouvoir sont ignorés ou minimisés.

Une autre théorie importante est celle de l'agenda-setting, qui explique comment les médias influencent l'importance que les gens accordent à différents sujets. Les médias ont un pouvoir considérable pour déterminer les sujets qui sont discutés dans la société, en choisissant ce qui est couvert dans les journaux, à la télévision et sur les réseaux sociaux.

La théorie de la spirale du silence explique comment les gens hésitent à exprimer des opinions qui ne sont pas en phase avec la majorité de la société. Les individus ont peur d'être rejetés ou ridiculisés, alors ils gardent souvent leurs opinions pour eux-mêmes. Cela peut conduire à une fausse impression d'unanimité, où les opinions minoritaires sont cachées ou ignorées.

La théorie des deux étapes (Two-step flow) décrit comment les opinions et les idées se propagent à travers la société. Selon cette théorie, les médias transmettent d'abord les idées à des leaders d'opinion, qui à leur tour influencent les opinions et les comportements de la population en général. Les leaders d'opinion peuvent être des personnalités publiques, des experts, des amis ou des membres de la famille.

La théorie de la résonance cognitive explique comment les médias et les institutions peuvent renforcer les croyances et les opinions des individus en fournissant des informations qui soutiennent ces croyances. Par exemple, si une personne croit que les immigrants sont dangereux pour la société, les médias peuvent fournir des histoires sensationnalistes qui renforcent cette croyance, ce qui peut conduire à une polarisation de la société et à une méfiance envers les immigrants.

En résumé, ces théories nous aident à comprendre comment les médias et les institutions peuvent influencer les opinions et les comportements des individus. Cependant, il est important de noter que les individus ont également une capacité de pensée critique et peuvent résister à ces influences. La prochaine section explorera les techniques de persuasion et d'influence qui sont utilisées pour manipuler les opinions et les comportements des individus.

Modèle de propagande d'Herman et Chomsky

Avant de parler du modèle de propagande d'Herman et
Chomsky, il est important de comprendre ce qu'est la
propagande. La propagande peut être définie comme
un ensemble de techniques de communication visant à
influencer l'opinion et les comportements d'un groupe ou
d'une société en utilisant des messages biaisés, souvent
trompeurs ou fallacieux, pour manipuler les émotions et les
pensées des gens.

Le modèle de propagande d'Herman et Chomsky est une
théorie développée par Edward Herman et Noam Chomsky
dans leur livre de 1988, «Manufacturing Consent: The
Political Economy of the Mass Media». Cette théorie soutient
que les médias de masse, bien qu'ils se présentent comme
des gardiens de la démocratie et de la liberté d'expression,
sont en réalité des instruments de la manipulation de masse,
de la fabrication du consentement et de la défense des
intérêts des élites économiques et politiques.

Le modèle de propagande d'Herman et Chomsky se base sur
cinq filtres qui, selon eux, permettent aux médias de produire
un discours conformiste et homogène, qui reflète les intérêts
et les valeurs des élites économiques et politiques :

Le filtre de la propriété : les médias sont souvent détenus
par des grandes entreprises, des oligarques ou des intérêts
politiques, qui ont des objectifs économiques et politiques
à défendre. Ces propriétaires influencent les décisions
éditoriales et les lignes éditoriales des médias, en fonction de
leurs intérêts.

Le filtre de la publicité : les médias dépendent de la publicité pour survivre, et sont donc susceptibles de plaire à leurs annonceurs en évitant de publier des contenus qui pourraient les offenser ou les mettre en colère.

Le filtre des sources : les médias ont tendance à privilégier les sources officielles et les experts, qui reflètent les points de vue des élites économiques et politiques, plutôt que les sources alternatives ou dissidentes.

Le filtre de la flak : les médias sont souvent confrontés à des pressions et des critiques de la part des groupes de pression, des organisations gouvernementales, ou des individus influents qui cherchent à imposer leur point de vue ou à empêcher la diffusion de certaines informations. Cette flak peut prendre la forme de lettres de protestation, de poursuites judiciaires, de campagnes de diffamation ou de boycotts.

Le filtre de l'idéologie : les médias reflètent souvent les valeurs et les croyances des élites économiques et politiques, qui ont tendance à favoriser les politiques économiques néolibérales, le militarisme, le nationalisme, le conservatisme ou le libéralisme. Les médias peuvent également utiliser des stéréotypes et des préjugés pour marginaliser les groupes minoritaires ou dissidents.

Le modèle de propagande d'Herman et Chomsky montre que les médias ont un rôle clé dans la manipulation de masse, en façonnant les perceptions, les attitudes et les croyances des gens sur des sujets tels que la politique, l'économie, la guerre, l'environnement ou les droits humains. Les médias peuvent ainsi influencer le comportement des individus, les décisions politiques, les orientations économiques et les choix de consommation, en exploitant les biais cognitifs, les émotions et les aspirations des gens.

Pour illustrer leur modèle de propagande, Herman et Chomsky ont analysé les médias américains pendant la guerre du Vietnam, en montrant comment les cinq filtres ont contribué à soutenir la politique impérialiste et militariste du gouvernement américain, et à marginaliser les voix dissidentes et pacifistes. Les médias ont ainsi présenté la guerre comme une lutte contre le communisme et pour la démocratie, en évitant de montrer les atrocités commises par l'armée américaine et en diabolisant les Vietnamiens. Les médias ont également privilégié les sources officielles et les experts pro-guerre, en évitant de donner la parole aux opposants à la guerre. Les médias ont également été soumis à des pressions et des attaques de la part des partisans de la guerre, qui ont utilisé la flak pour discréditer les journalistes critiques.

Le modèle de propagande d'Herman et Chomsky montre que la manipulation de masse n'est pas le résultat d'un complot secret ou d'une conspiration organisée, mais plutôt le résultat d'un système de contrôle social et de production du consentement, qui implique la participation consciente ou inconsciente des acteurs sociaux. La théorie de la propagande de Herman et Chomsky invite donc à une réflexion critique sur le rôle des médias, des élites économiques et politiques, et de la société civile dans la construction de l'opinion publique et dans la promotion de la démocratie et de la justice sociale.

En résumé, le modèle de propagande d'Herman et Chomsky montre que les médias de masse ne sont pas neutres et objectifs, mais qu'ils sont soumis à des influences politiques, économiques et idéologiques qui biaisent leur discours et leur présentation de la réalité. Ce modèle invite à la vigilance et à la réflexion critique sur les sources et les contenus médiatiques, et à la promotion de la diversité, de la transparence et de la responsabilité dans le domaine de la communication et de l'information.

Théorie de l'agenda-setting

La théorie de l'agenda-setting est une théorie de la communication qui suggère que les médias de masse ont la capacité de définir l'ordre du jour public en choisissant les sujets d'actualité à traiter et en leur accordant une importance particulière. En d'autres termes, les médias ont le pouvoir de déterminer ce à quoi le public devrait accorder son attention, ce qui peut influencer les opinions et les attitudes des individus.

Cette théorie a été développée dans les années 1970 par les chercheurs Maxwell McCombs et Donald Shaw, qui ont étudié la couverture médiatique des élections présidentielles américaines de 1968. Ils ont découvert que les sujets qui recevaient le plus d'attention dans les médias étaient également ceux qui étaient considérés comme les plus importants par les électeurs.

Depuis lors, de nombreuses études ont confirmé l'importance de l'agenda-setting dans la formation de l'opinion publique.

Par exemple, des recherches ont montré que la couverture médiatique de la criminalité peut influencer la perception du public de la sécurité, même si les taux de criminalité ne changent pas réellement. De même, la façon dont les médias couvrent les événements politiques peut avoir un impact sur l'opinion du public sur les problèmes politiques.

Il est important de noter que l'agenda-setting ne concerne pas seulement les sujets qui sont traités dans les médias, mais aussi la manière dont ils sont présentés et la quantité d'attention qui leur est accordée. Par exemple, si les médias traitent un sujet en profondeur et pendant une longue période de temps, cela peut donner l'impression qu'il est plus important que d'autres sujets qui ne sont pas couverts de la même manière.

Il convient également de noter que l'agenda-setting n'est pas un processus unidirectionnel dans lequel les médias imposent leurs propres sujets à l'opinion publique. Au contraire, les médias sont souvent influencés par les demandes et les attentes du public, ainsi que par les intérêts des acteurs politiques et économiques.

En fin de compte, la théorie de l'agenda-setting souligne l'importance du rôle des médias dans la formation de l'opinion publique. Il est important de reconnaître que les choix éditoriaux des médias ont un impact sur ce que les gens pensent et sur les actions qu'ils entreprennent en réponse à l'actualité. Les citoyens doivent donc être conscients de cette influence et utiliser leur esprit critique pour évaluer les informations qu'ils reçoivent des médias.

Théorie de la spirale du silence

La théorie de la spirale du silence est une théorie de la communication qui explique comment les opinions publiques se forment et se développent. Elle a été formulée par la sociologue allemande Elisabeth Noelle-Neumann en 1974. Selon cette théorie, les individus ont une tendance naturelle à s'abstenir de donner leur opinion si elle est en contradiction avec l'opinion majoritaire dans leur environnement social immédiat. Cette peur de l'isolement social est appelée la «spirale du silence».

La peur de l'isolement social est un facteur clé de la théorie de la spirale du silence. Les individus ont une tendance naturelle à se conformer aux normes sociales de leur environnement et à s'abstenir de donner leur opinion si elle va à l'encontre de l'opinion majoritaire. Cette peur de l'isolement social peut être exploitée par les acteurs clés pour influencer l'opinion publique et renforcer leur pouvoir.

Ainsi, les opinions minoritaires ont tendance à être tues et les opinions majoritaires sont amplifiées, renforçant ainsi la perception de la majorité comme étant la norme. Cela peut entraîner une distorsion de la réalité sociale et rendre difficile la prise en compte de différentes perspectives.

Cette théorie peut être appliquée à la manipulation de masse car elle montre comment les acteurs clés peuvent utiliser la pression sociale pour renforcer leur pouvoir et leur contrôle sur les opinions publiques. Les gouvernements, les entreprises et les médias peuvent influencer l'opinion publique en créant un environnement social qui encourage la conformité et dissuade les individus de s'exprimer s'ils ont une opinion différente.

Un exemple récent de la théorie de la spirale du silence en action est la polarisation politique aux États-Unis. Les partisans des deux partis principaux ont tendance à s'exprimer en public uniquement s'ils sont entourés de personnes partageant les mêmes idées. Cela renforce la perception que les deux partis représentent les seules options viables, alors que des alternatives existent.

Pour contrer la manipulation de masse qui découle de la théorie de la spirale du silence, il est important de promouvoir un environnement social qui encourage la liberté d'expression et la diversité d'opinions. Les individus doivent être encouragés à exprimer leur opinion, même s'ils sont en désaccord avec la majorité. Les médias doivent fournir des informations objectives et équilibrées pour donner aux individus les moyens de former leur propre opinion.

Cependant, il est important de noter que la théorie de la spirale du silence n'est pas une loi universelle, mais plutôt une tendance. Les individus ne sont pas tous également susceptibles de se conformer aux normes sociales de leur environnement, et les contextes sociaux varient en fonction de nombreux facteurs, tels que la culture, l'âge et le sexe.

Enfin, la théorie de la spirale du silence peut être utile pour comprendre la manière dont les opinions publiques évoluent. En effet, si une opinion minoritaire devient suffisamment populaire, elle peut finalement devenir la nouvelle norme sociale et ainsi changer les comportements et les politiques publiques. Cela peut se produire grâce à l'émergence de leaders d'opinion, à des événements marquants ou à une prise de conscience collective.

En somme, la théorie de la spirale du silence montre comment les individus peuvent être influencés par l'environnement social dans lequel ils évoluent. Les acteurs clés peuvent utiliser cette théorie pour renforcer leur pouvoir et leur contrôle sur les opinions publiques. Il est important de promouvoir un environnement social qui encourage la liberté d'expression et la diversité d'opinions pour contrer la manipulation de masse qui découle de cette théorie.

Théorie des deux étapes (Two-step flow)

La théorie des deux étapes, également connue sous le nom de Two-step flow, est une théorie de la communication qui met en évidence l'importance de la communication interpersonnelle et de l'influence sociale dans la formation des opinions et des attitudes. Selon cette théorie, les médias ont une influence indirecte sur le public, par l'intermédiaire d'opinion leaders ou de leaders d'opinion.

Dans la première étape de cette théorie, les individus sont exposés aux médias. Cependant, la deuxième étape est cruciale et implique que les individus sont davantage influencés par les interactions sociales et les conversations avec des personnes de leur entourage qui ont une grande influence sur eux.

Les leaders d'opinion peuvent être des personnes qui ont

un pouvoir, une autorité ou une expertise dans un domaine particulier, ou encore des personnes qui ont une grande influence sociale, tels que des célébrités, des influenceurs ou des amis proches et des membres de la famille. Ces leaders d'opinion peuvent interpréter, évaluer et commenter l'information présentée par les médias, ce qui affecte la manière dont les autres perçoivent cette information.

Par exemple, la théorie des deux étapes peut expliquer pourquoi une publicité télévisée pour un nouveau produit peut ne pas être aussi efficace qu'une recommandation personnelle d'un ami proche. La publicité peut informer le public sur un produit, mais c'est l'opinion et la recommandation d'un ami qui peut influencer une personne à l'acheter.

En outre, la théorie des deux étapes souligne l'importance de comprendre les motivations et les caractéristiques des leaders d'opinion pour mieux comprendre l'influence qu'ils exercent sur le public. Par exemple, un leader d'opinion peut être influencé par ses propres intérêts et motivations, et peut également avoir des biais qui affectent la manière dont il interprète l'information présentée par les médias.

De plus, la théorie des deux étapes est importante pour comprendre l'influence des médias dans les campagnes électorales. Les leaders d'opinion peuvent jouer un rôle crucial dans la manière dont les électeurs perçoivent les candidats et leurs plateformes politiques. Les politiciens peuvent chercher à cibler ces leaders d'opinion dans le but d'influencer les électeurs.

En somme, la théorie des deux étapes souligne l'importance de la communication interpersonnelle et de l'influence sociale dans la formation des opinions et des attitudes. Comprendre cette théorie peut aider à mieux comprendre l'influence des médias et la formation des opinions et des attitudes, ainsi que la manière dont les leaders d'opinion peuvent être utilisés pour influencer le public. Cette théorie met également en lumière l'importance de comprendre les motivations et les caractéristiques des leaders d'opinion pour mieux comprendre l'influence qu'ils exercent sur le public.

Théorie de la résonance cognitive

La théorie de la résonance cognitive est un concept important à comprendre pour déchiffrer les techniques de manipulation de masse utilisées dans les campagnes de marketing, les médias et la communication politique. La théorie suggère que les gens sont plus enclins à accepter les messages qui résonnent avec leurs croyances et leurs opinions préexistantes plutôt que de remettre en question leur point de vue.

La résonance cognitive se produit lorsqu'un individu écoute ou lit un message et le compare à ses propres croyances et opinions. Si le message est en harmonie avec ses convictions, il est plus susceptible de l'accepter sans questionnement ou réflexion critique. Cela peut expliquer pourquoi certaines personnes ont tendance à écouter et à croire uniquement les sources d'informations qui correspondent à leurs opinions, et à rejeter les informations qui les contredisent.

Cette théorie est particulièrement importante dans le contexte des médias et des campagnes politiques. Les journalistes et les communicants utilisent souvent des techniques de framing pour présenter une information sous un angle qui correspond aux opinions et aux croyances de leur public. Le framing peut influencer la perception des individus sur un sujet donné en orientant leur attention sur certains aspects et en minimisant d'autres. Les campagnes politiques utilisent également cette technique pour présenter leur candidat sous un angle qui correspond aux opinions de leurs électeurs potentiels.

Un exemple concret de la théorie de la résonance cognitive est celui des campagnes politiques qui utilisent des slogans tels que «Make America Great Again» ou «Yes We Can». Ces slogans sont souvent très simples et directs, et sont conçus pour résonner avec les croyances et les opinions des électeurs ciblés. Les campagnes politiques qui utilisent cette technique cherchent à renforcer les croyances et les opinions préexistantes des électeurs, plutôt qu'à essayer de les convaincre de changer d'avis.

La résonance cognitive peut également être utilisée pour expliquer l'effet de polarisation dans les médias sociaux. Les individus ont tendance à être attirés par les personnes et les groupes qui partagent leurs opinions et leurs croyances. Cette tendance peut conduire à la création de chambres d'écho, où les individus n'entendent que des opinions qui résonnent avec les leurs. Cette polarisation peut également renforcer les opinions et les croyances préexistantes des individus, les rendant moins enclins à remettre en question leurs convictions.

Cependant, il est important de noter que la résonance cognitive n'est pas toujours une mauvaise chose. Les individus ont des opinions et des croyances qui sont le résultat de leurs expériences de vie et de leur culture, et ces opinions doivent être respectées. La résonance cognitive peut être utilisée de manière positive pour renforcer les croyances et les valeurs positives d'une personne, ou pour leur fournir des informations qui correspondent à leurs intérêts.

En conclusion, la théorie de la résonance cognitive est une théorie importante pour comprendre comment les individus réagissent aux messages qui leur sont transmis. Elle explique comment les croyances et les opinions préexistantes peuvent influencer la manière dont les individus perçoivent les informations qu'ils reçoivent. Les techniques de communication, telles que le framing, sont souvent utilisées pour créer un message qui résonne avec le public cible. Il est important de comprendre que la résonance cognitive peut être utilisée de manière positive ou négative, et que les individus ont le droit de conserver leurs opinions et leurs croyances.

Les techniques de persuasion et d'influence

Principes de persuasion de Cialdini

Les principes de persuasion de Cialdini sont des techniques de manipulation qui visent à influencer le comportement des individus. Ces principes peuvent être utilisés de manière consciente ou inconsciente, et leur efficacité est largement reconnue dans le domaine du marketing et de la publicité.

Le principe de réciprocité

Le premier principe est le principe de réciprocité. Selon ce principe, les individus ont tendance à rendre la pareille lorsqu'ils reçoivent quelque chose. Par exemple, une entreprise peut offrir un échantillon gratuit de son produit pour inciter les consommateurs à acheter le produit complet. Ce principe est également utilisé dans les campagnes de collecte de fonds, où les organisations fournissent des petits cadeaux aux donateurs potentiels.

Le principe d'engagement et de cohérence

Le deuxième principe est le principe d'engagement et de cohérence. Ce principe énonce que les individus ont tendance à se conformer à ce qu'ils ont dit ou fait précédemment. Une fois qu'ils ont pris un engagement, ils chercheront à être cohérents avec cet engagement. Les campagnes de porte-à-porte utilisent souvent ce principe en demandant aux personnes de s'engager à voter pour un candidat ou à faire un don.

Le principe de la preuve sociale

Le troisième principe est le principe de la preuve sociale. Les individus ont tendance à se conformer aux comportements des autres. C'est pourquoi les entreprises utilisent des témoignages de clients satisfaits pour inciter les consommateurs à acheter leurs produits. Les influenceurs sur les réseaux sociaux utilisent également ce principe en montrant leur popularité et leur nombre d'abonnés.

Le principe de l'autorité

Le quatrième principe est le principe de l'autorité. Les individus ont tendance à se conformer aux personnes qu'ils considèrent comme des autorités ou des experts dans un domaine. Les publicités utilisent souvent des célébrités ou des experts pour promouvoir des produits ou des services.

Le principe de la rareté

Le cinquième principe est le principe de la rareté. Les individus ont tendance à valoriser ce qui est rare ou difficile à obtenir. C'est pourquoi les entreprises utilisent des promotions limitées dans le temps ou des éditions limitées de leurs produits pour inciter les consommateurs à acheter.

Le principe de la sympathie

Enfin, le sixième principe est le principe de la sympathie. Les individus ont tendance à être plus enclins à se laisser influencer par les personnes qu'ils aiment ou admirent. Les publicités utilisent souvent des personnages attachants ou des animaux mignons pour promouvoir des produits ou des services.

Ces six principes sont utilisés dans de nombreuses situations de la vie quotidienne, notamment dans le domaine du marketing et de la publicité. Par exemple, une entreprise peut offrir un petit cadeau à ses clients pour activer le principe de réciprocité, ou utiliser des témoignages pour activer le principe de preuve sociale.

Il est important de noter que ces principes de persuasion ne sont pas en soi «mauvais». En fait, ils peuvent être utilisés de manière éthique et honnête pour convaincre les gens de prendre des mesures positives. Par exemple, une campagne de collecte de fonds pour une organisation caritative peut utiliser le principe de réciprocité pour inciter les donateurs à faire des dons et à soutenir une bonne cause.

Cependant, il est également important de comprendre que ces principes peuvent également être utilisés de manière manipulatrice. Les individus peuvent être influencés à leur insu en utilisant ces techniques de persuasion. C'est pourquoi il est important de développer sa pensée critique et de se méfier des personnes qui cherchent à nous influencer à tout prix.

En fin de compte, la clé pour résister à la manipulation est de rester vigilant et de développer sa pensée critique. En comprenant les techniques de persuasion de Cialdini et en étant conscient de leur utilisation dans la vie quotidienne, nous pouvons mieux protéger nos intérêts et prendre des décisions plus éclairées. En se méfiant des messages qui tentent de manipuler nos émotions, nous pouvons devenir des consommateurs plus informés et des citoyens mieux engagés.

Propagande et techniques de manipulation

La propagande est l'une des techniques de manipulation les plus anciennes et les plus courantes utilisées dans les sociétés modernes pour façonner l'opinion publique. Elle repose sur la diffusion d'un message biaisé, souvent mensonger, dans le but d'influencer la perception et les comportements des individus. La répétition, la désinformation et l'appel à l'autorité sont quelques-unes des techniques de propagande les plus utilisées.

La répétition est une technique de persuasion qui consiste à répéter un message de manière constante et régulière pour qu'il reste ancré dans l'esprit des individus. Elle est souvent utilisée dans les campagnes publicitaires et politiques pour renforcer les convictions des personnes et leur faire croire que les idées véhiculées sont vraies. Cependant, cette technique peut aussi être utilisée de manière abusive pour faire passer des mensonges pour des vérités.

La désinformation est une autre technique de manipulation qui consiste à diffuser des informations fausses ou incomplètes dans le but de tromper les individus. Elle est souvent utilisée pour décrédibiliser une personne ou une idée, ou encore pour semer la confusion et le doute dans l'esprit des individus. La désinformation est souvent utilisée dans le cadre de campagnes de propagande, mais aussi dans le domaine de l'information en ligne, où il est souvent difficile de distinguer les informations fiables des fausses informations.

L'appel à l'autorité est une technique de persuasion qui consiste à se référer à une personne ou à une institution de référence pour renforcer l'argumentation. Elle est souvent utilisée dans les campagnes publicitaires pour donner une crédibilité aux produits et services proposés. Cependant, cette technique peut aussi être utilisée de manière abusive pour faire passer des idées biaisées ou mensongères en se référant à des personnalités influentes.

Parmi les autres techniques de manipulation, on peut citer la peur, l'émotion, le mensonge, la flatterie, la promesse et l'utilisation de stéréotypes. La peur est une technique couramment utilisée pour influencer les décisions des individus. Les gouvernements et les médias peuvent l'utiliser pour inciter à des actions ou à des réactions spécifiques en faisant appel aux peurs collectives. L'émotion est une autre technique souvent utilisée pour susciter une réponse émotionnelle des individus et les inciter à agir d'une certaine manière. La flatterie peut être utilisée pour encourager les individus à se conformer à certaines normes ou à adopter certaines attitudes, tandis que la promesse peut être utilisée pour susciter l'espoir et l'optimisme.

Pour résister à ces techniques de manipulation, il est essentiel de vérifier la fiabilité et la source des informations, d'examiner les arguments présentés avec un esprit critique et de se poser des questions sur les intentions de ceux qui présent ces arguments. Il est également important de chercher des sources d'information variées et de confronter les différentes perspectives pour se faire une idée juste et équilibrée.

Effet de simple exposition

L'effet de simple exposition est une technique de persuasion qui repose sur le principe que la simple exposition répétée d'un stimulus, tel qu'un mot, une image ou une musique, peut influencer favorablement l'attitude des individus envers ce stimulus. Cette technique est souvent utilisée dans les campagnes publicitaires et les campagnes politiques pour accroître la familiarité avec un produit, un service ou une personne.

Le mécanisme de l'effet de simple exposition est basé sur la théorie de la fluence, qui suggère que la facilité de traitement cognitif d'un stimulus influence notre attitude envers celui-ci. Plus un stimulus est facilement traité par notre cerveau, plus il est considéré comme agréable et positif. Ainsi, si un individu est exposé plusieurs fois à un stimulus, il devient plus familier et plus facile à traiter, ce qui peut conduire à une attitude plus positive envers ce stimulus.

Ainsi les gens développent une préférence pour quelque chose simplement parce qu'ils y ont été exposés plusieurs fois. En d'autres termes, plus nous sommes exposés à une chose, plus nous sommes susceptibles de l'aimer. Cet effet a été démontré dans de nombreuses études, notamment celles qui ont étudié la publicité, la musique et les œuvres d'art.

Par exemple, une étude menée par Zajonc (1968) a demandé aux participants d'évaluer une série de formes géométriques. Certaines des formes ont été présentées plusieurs fois, tandis que d'autres n'ont été présentées qu'une seule fois. Les résultats ont montré que les participants ont préféré les formes qu'ils ont vues plusieurs fois, même si cela n'avait aucune signification réelle.

Cependant, l'effet de simple exposition n'est pas infaillible. Si le stimulus est associé à des expériences négatives ou à des émotions négatives, l'effet peut être inversé, c'est-à-dire que la répétition du stimulus peut entraîner une attitude plus négative envers celui-ci. De plus, l'effet de simple exposition peut être atténué si l'individu est conscient de la tentative de persuasion ou s'il est fortement opposé à l'objet de la persuasion.

L'effet de simple exposition est un outil puissant de persuasion, mais il doit être bien utilisé.

Pour illustrer l'effet de simple exposition, prenons l'exemple d'une campagne publicitaire pour un nouveau produit. Si la publicité est diffusée régulièrement à la télévision, à la radio et sur les réseaux sociaux, les consommateurs sont exposés plusieurs fois au produit. Cette répétition de l'exposition peut augmenter la familiarité et la reconnaissance du produit, ce qui peut conduire à une attitude plus positive envers celui-ci. Si le produit est associé à une expérience positive, comme une dégustation gratuite ou une promotion, l'effet de simple exposition peut être renforcé.

En conclusion, pour me répéter une dernière fois l'effet de

simple exposition est une technique de persuasion efficace
qui repose sur la répétition de l'exposition d'un stimulus pour
influencer favorablement l'attitude des individus envers celui-
ci.

Influence normative et informationnelle

Dans la manipulation de masse, l'influence normative et
informationnelle sont des techniques courantes pour amener
les individus à adopter un comportement spécifique ou
à accepter une idée. L'influence normative implique que
les individus sont influencés par les normes sociales et
cherchent à se conformer à celles-ci. En revanche, l'influence
informationnelle se réfère à la façon dont les individus
s'appuient sur les opinions et les informations d'autrui pour
évaluer la pertinence d'une idée ou d'un comportement.

L'influence normative est couramment utilisée pour influencer
les comportements. Par exemple, lorsqu'une entreprise ou
un groupe d'individus cherche à encourager la participation
à une campagne de sensibilisation, ils peuvent mettre en
évidence le nombre d'individus qui ont déjà participé à cette
campagne, avec l'espoir que cela encourage les autres
à suivre le mouvement. Dans le même ordre d'idées, les
marques utilisent également cette technique en faisant
la promotion de produits populaires ou en les présentant
comme des choix approuvés par la société.

L'influence informationnelle est utilisée pour influencer les
opinions et les attitudes des individus en leur fournissant des
informations qui appuient une idée spécifique. Par exemple,

lorsqu'une entreprise cherche à promouvoir l'utilisation de ses produits, elle peut fournir des témoignages positifs d'utilisateurs ou des études montrant les avantages de l'utilisation de leurs produits. Les médias utilisent également cette technique pour influencer l'opinion publique en présentant des informations biaisées qui soutiennent leur point de vue.

Il est important de noter que ces deux types d'influence peuvent être utilisés de manière positive ou négative. Par exemple, l'influence normative peut être utilisée pour encourager la participation à des activités bénéfiques pour la société, mais elle peut également être utilisée pour encourager des comportements négatifs, tels que la consommation de drogue ou l'activisme extrémiste. De même, l'influence informationnelle peut être utilisée pour fournir des informations précieuses et impartiales, mais elle peut également être utilisée pour tromper et manipuler les individus.

La résistance à l'influence normative et informationnelle nécessite une pensée critique et une analyse approfondie. Les individus doivent apprendre à évaluer les informations qu'ils reçoivent et à déterminer si elles sont fiables et impartiales. Ils doivent également être conscients de leurs propres normes et opinions et être en mesure de les remettre en question pour éviter d'être influencés de manière inappropriée.

En somme, l'influence normative et informationnelle sont des techniques de manipulation de masse couramment utilisées pour influencer les comportements et les opinions.

Les individus doivent être conscients de ces techniques et apprendre à évaluer les informations qu'ils reçoivent pour éviter d'être influencés de manière inappropriée.

Techniques de storytelling et de framing

Dans la manipulation de masse, le storytelling et le framing sont des techniques de persuasion couramment utilisées pour influencer les attitudes et les comportements des individus.

La technique du storytelling (ou la narration) est une stratégie de communication largement utilisée dans les médias, la publicité, le marketing, la politique et même dans les relations personnelles. Elle consiste à raconter une histoire captivante qui est utilisée pour transmettre un message spécifique. Les histoires ont un pouvoir émotionnel et sont souvent plus mémorables que les faits bruts ou les statistiques. Le storytelling peut donc être utilisé pour influencer les attitudes et les comportements des individus, ainsi que pour façonner leur perception de la réalité.

Le framing est une autre technique de communication qui consiste à présenter une information d'une manière particulière, en utilisant un cadre ou une perspective spécifique. Le choix du cadre peut influencer la manière dont les gens perçoivent un événement ou une question, en les amenant à privilégier certains aspects et à ignorer d'autres. Les cadres peuvent être implicites (non exprimés) ou explicites (exprimés clairement). Ils sont souvent utilisés pour donner une direction ou une orientation à la pensée et pour guider les individus dans leur prise de décision.

Les techniques de storytelling et de framing sont souvent utilisées ensemble pour créer une image ou une vision particulière de la réalité. Les histoires sont utilisées pour créer une connexion émotionnelle avec le public et pour transmettre des messages complexes de manière simple et efficace. Les cadres sont utilisés pour donner une orientation à la pensée et pour influencer les perceptions et les jugements des individus.

Lorsqu'ils sont utilisés de manière malveillante, le storytelling et le framing peuvent être utilisés pour manipuler les opinions et les comportements des individus. Les histoires peuvent être utilisées pour créer une image émotionnelle qui n'a pas de lien avec la réalité. Les cadres peuvent être utilisés pour masquer certains aspects d'une question ou pour donner une fausse impression de la réalité. Les techniques de storytelling et de framing peuvent donc être utilisées pour manipuler les attitudes et les comportements des individus et pour façonner leur perception de la réalité.

Les biais cognitifs et leur rôle dans la manipulation de masse

Biais de confirmation

Le biais de confirmation est une technique qui consiste à renforcer les croyances et les opinions d'un individu en lui présentant des informations qui corroborent sa position préexistante, tout en ignorant ou en minimisant les informations qui la contredisent. Ce biais est très puissant car il utilise la tendance naturelle de l'esprit humain à chercher et à accepter les informations qui confirment ses croyances.

Le biais de confirmation peut être utilisé dans diverses situations, telles que les campagnes politiques, les médias de masse, les publicités et même les conversations quotidiennes. Les médias peuvent diffuser des informations qui soutiennent une position politique ou idéologique particulière, tout en ignorant les informations qui la contredisent. Les publicitaires peuvent utiliser des témoignages de clients satisfaits pour convaincre les consommateurs de l'efficacité de leur produit, tout en ignorant les témoignages négatifs.

Un exemple courant de biais de confirmation est la manière dont les personnes peuvent se fermer à l'information qui contredit leur point de vue politique. Par exemple, si une personne a une opinion très favorable envers un parti politique en particulier, elle sera plus susceptible de chercher des informations qui soutiennent cette opinion et de rejeter ou d'ignorer les informations qui la contredisent.

Cela peut conduire à une pensée étroite d'esprit et dogmatique, où la personne ne prend en compte que les perspectives qui renforcent ses croyances, ce qui peut entraîner une polarisation politique et une division sociale. Les médias peuvent également utiliser le biais de confirmation en diffusant des informations qui soutiennent une position politique ou idéologique particulière, tout en ignorant ou en minimisant les informations qui la contredisent.

Le biais de confirmation peut également se manifester à travers les médias sociaux, où les algorithmes de recommandation peuvent présenter des contenus qui renforcent les opinions de l'utilisateur, tout en ignorant les opinions opposées. De plus, les personnes ont tendance à s'associer avec des personnes partageant les mêmes opinions, créant ainsi des «chambres d'écho» où les idées sont renforcées sans opposition.

Pour résister au biais de confirmation, il est important de s'exposer à une variété de perspectives et d'opinions différentes. Il est essentiel de chercher activement des informations qui remettent en question nos croyances et nos opinions, et de remettre en question régulièrement nos propres points de vue. Cela peut aider à éviter la polarisation politique et à promouvoir une compréhension mutuelle entre les différentes perspectives et opinions.

Biais de groupe

Les biais de groupe jouent un rôle essentiel pour
influencer les individus à adopter certaines croyances ou
comportements. Les groupes sociaux tels que les familles,
les amis, les collègues et les communautés ont des normes,
des valeurs et des attitudes qui sont communiquées à leurs
membres. Lorsqu'un individu rejoint un groupe, il subit une
pression sociale pour se conformer aux normes du groupe,
même si cela va à l'encontre de ses convictions personnelles.
Cette pression peut venir sous différentes formes, telles que
la persuasion, le ridicule ou même la menace d'exclusion.

Les biais de groupe affectent la manière dont les individus
perçoivent les informations et prennent des décisions. Le
biais de conformité est l'un des biais les plus courants où
les individus ajustent leurs opinions et comportements pour
correspondre à ceux de leur groupe. Cela peut conduire à
une pensée de groupe, où les individus ne remettent pas
en question les idées préconçues du groupe et acceptent
aveuglément les décisions collectives.

Le biais d'illusion de groupe est un autre effet courant où les
membres du groupe surestiment la validité et la justesse de
leurs décisions collectives, même si elles sont erronées ou
injustes. Cela peut conduire à une complaisance ou à une
arrogance, où le groupe ne prend pas en compte les opinions
ou les informations extérieures.

Le biais de polarisation de groupe est également fréquent,
où le groupe devient plus extrême dans ses opinions ou
comportements après avoir discuté de ces sujets avec

d'autres membres du groupe. Cela peut conduire à une radicalisation des opinions et à une polarisation sociale plus large.

Il est important de reconnaître ces biais de groupe pour éviter d'être manipulé par des influences de masse. Les individus doivent penser de manière autonome et être capable de remettre en question les normes et les attitudes de leur groupe social. Les éducateurs et les leaders ne doivent pas dicter et modeler votre façon de penser.

Pour illustrer ce point, prenons l'exemple des mouvements politiques ou sociaux qui utilisent les réseaux sociaux pour mobiliser des masses de personnes. Les biais de groupe peuvent être exploités en utilisant des techniques de polarisation pour exacerber les divisions et les différences entre les groupes. Les individus peuvent être encouragés à adopter des opinions extrêmes ou à rejeter des points de vue alternatifs. En comprenant ces biais, souvent ignorer les individus pourraient être mieux équipés pour reconnaître ces techniques et faire des choix éclairés.

En conclusion, les biais de groupe sont également un élément clé dans la manipulation de masse et la prise de décision collective.

Effet de halo

L'effet de halo est un biais cognitif qui se produit lorsque notre impression globale d'une personne, d'une entreprise ou d'un produit influence notre évaluation de ses caractéristiques spécifiques. En d'autres termes, si nous avons une opinion positive d'une personne, nous sommes plus enclins à attribuer des qualités positives à cette personne, même si cela n'est pas justifié par les faits.

Cet effet peut être utilisé dans les techniques de manipulation de masse pour influencer les opinions des gens sur une personne ou une organisation. Par exemple, si une entreprise a une image positive auprès du public, elle peut utiliser cette image pour influencer les opinions des gens sur ses produits, même si ces produits ne sont pas de bonne qualité.

L'effet de halo peut également être utilisé dans la politique pour influencer les opinions des électeurs. Si un candidat a une image positive auprès du public, il peut utiliser cette image pour influencer les opinions des électeurs sur ses politiques, même si ces politiques ne sont pas en leur faveur.

Pour éviter l'effet de halo, il est important d'évaluer les personnes, les organisations et les produits sur la base de leurs caractéristiques spécifiques plutôt que de se fier à leur impression globale. Il est également important de rechercher des informations provenant de différentes sources fiables pour avoir une évaluation plus précise.

Prenons l'exemple de la publicité pour un produit de

beauté. Si la publicité met en avant une célébrité connue pour son charisme et sa beauté, l'effet de halo peut nous faire croire que le produit est efficace sans même regarder les ingrédients et les caractéristiques spécifiques du produit. Cependant, en étudiant les ingrédients et les avis d'utilisateurs indépendants, nous pouvons avoir une opinion plus précise du produit.

En somme, l'effet de halo peut être utilisé pour influencer les opinions des gens de manière subtile, mais il peut être évité en évaluant les caractéristiques spécifiques des personnes, des organisations et des produits et en recherchant des informations provenant de différentes sources fiables.

Biais d'ancrage

Les biais d'ancrage sont des biais cognitifs qui sont souvent utilisés dans la manipulation de masse car ils peuvent avoir un impact considérable sur la manière dont nous percevons et évaluons les informations. Ce biais repose sur le fait que notre cerveau a tendance à s'accrocher à la première information qui nous est présentée, même si elle n'est pas pertinente ou fiable, et à l'utiliser comme référence pour prendre des décisions ultérieures.

Un exemple courant de biais d'ancrage est l'utilisation de prix barrés dans les publicités, qui donnent l'impression aux consommateurs qu'ils font une bonne affaire en achetant un produit soldé. De même, les publicités politiques peuvent utiliser des images et des slogans impactants en début de vidéo pour ancrer une idée ou une perception dans l'esprit des téléspectateurs, qui auront ensuite tendance à interpréter les informations ultérieures en fonction de cette perception.

Les biais d'ancrage sont particulièrement efficaces lorsqu'ils sont associés à d'autres biais cognitifs tels que le biais de confirmation ou le biais de groupe. Par exemple, si une personne est ancrée sur une idée fausse, elle sera plus susceptible de chercher des informations qui la confirment, tout en ignorant les informations contradictoires.

Pour résister à l'influence des biais d'ancrage, il peut être utile de se demander si la première information présentée est pertinente, fiable et impartiale, avant de s'y fier pour prendre une décision.

En somme, les biais d'ancrage peuvent être un outil puissant de manipulation de masse. En étant conscient de l'effet potentiel de la première information présentée, nous pouvons mieux évaluer les informations ultérieures et prendre des décisions plus éclairées.

Biais de croyance aveugle

Le biais de croyance aveugle est un concept important en psychologie et en sociologie, car il peut expliquer comment les individus peuvent être facilement manipulés par des informations fausses ou trompeuses.

Ce biais se produit lorsque les individus acceptent une information comme étant vraie sans chercher à la vérifier ou à l'évaluer de manière critique. En d'autres termes, les individus croient en quelque chose sans avoir suffisamment de preuves ou de raisons logiques pour le faire.

Ce biais de croyance aveugle peut être exacerbé par plusieurs facteurs, tels que la répétition de l'information, la crédibilité perçue de la source de l'information et l'impact émotionnel de l'information.

Par exemple, si une personne entend une affirmation à plusieurs reprises, elle peut finir par la croire sans remettre en question sa véracité. De même, si une personne considère une source d'information comme étant fiable, elle peut être plus encline à accepter les informations qu'elle fournit sans y porter suffisamment d'attention.

Enfin, les informations qui ont un impact émotionnel important peuvent également conduire à un biais de croyance aveugle. Les personnes peuvent être plus enclines à croire les informations qui correspondent à leurs croyances préexistantes ou qui renforcent leur point de vue, même si ces informations ne sont pas exactes.

Il est important de reconnaître le biais de croyance aveugle pour éviter d'être manipulé par des informations fausses ou trompeuses.

En somme, le biais de croyance aveugle peut être comparé à un mirage dans le désert. Tout comme un mirage peut sembler réel, mais n'est en réalité qu'une illusion, les informations qui sont acceptées sans preuves ou raisons logiques suffisantes peuvent sembler vraies, mais ne le sont pas nécessairement. En gardant cela à l'esprit, les individus peuvent être plus conscients de leur propre tendance à tomber dans ce biais et prendre des mesures pour l'éviter.

La psychologie des foules et le comportement collectif

La psychologie des foules s'intéresse aux processus mentaux et comportementaux qui se manifestent lorsqu'un groupe de personnes se rassemble. Ces processus sont différents de ceux observés chez des individus agissant seuls, car les membres de la foule interagissent et s'influencent mutuellement, créant ainsi un comportement collectif.

Gustave Le Bon a été l'un des premiers à étudier la psychologie des foules et a identifié plusieurs caractéristiques communes, notamment la perte d'individualité et l'émotion intense. Il a également suggéré que les foules sont facilement influencées par les leaders charismatiques et que les comportements collectifs sont souvent irrationnels.

Sigmund Freud a également étudié les foules et a proposé que les membres de la foule subissent un processus de «désindividualisation», c'est-à-dire qu'ils perdent leur propre identité et se fondent dans le groupe. Cette désindividualisation peut les amener à adopter des comportements qu'ils n'auraient pas adoptés individuellement.

Les psychologues sociaux modernes ont également étudié la psychologie des foules et ont identifié plusieurs facteurs qui influencent le comportement collectif. Par exemple, la norme sociale est un facteur important qui peut influencer les membres de la foule à adopter des comportements qui sont conformes aux normes sociales du groupe. La théorie de l'identification sociale suggère que les membres de la foule peuvent également adopter des comportements qui renforcent leur identité de groupe.

Le conformisme est un autre facteur qui peut influencer le comportement collectif. Les membres de la foule peuvent adopter des comportements conformes à la norme sociale, même s'ils ne sont pas d'accord avec eux individuellement. L'obéissance à l'autorité est également un facteur important qui peut conduire les membres de la foule à adopter des comportements qui sont dictés par les leaders charismatiques ou les autorités.

Les comportements collectifs peuvent également être influencés par des facteurs externes tels que la taille de la foule, la durée de l'interaction et le degré d'anonymat. Les foules plus grandes peuvent être plus susceptibles d'adopter des comportements extrêmes ou devenir violentes. Les membres de la foule qui interagissent pendant une longue période peuvent devenir plus solidaires et plus enclins à adopter des comportements conformes au groupe.

Enfin, les nouvelles technologies ont également un impact sur la psychologie des foules. Les réseaux sociaux et les médias en ligne ont créé de nouvelles formes de comportement collectif, comme les mouvements sociaux en ligne. Ces mouvements peuvent être très influents et ont le potentiel de conduire à des changements significatifs dans la société.

En conclusion, la psychologie des foules et le comportement collectif sont des domaines d'étude importants pour comprendre comment les groupes de personnes interagissent et comment les comportements collectifs se développent. Les facteurs psychologiques et sociaux qui influencent le comportement collectif sont nombreux et complexes. Une compréhension approfondie de ces facteurs peut aider à prévenir les comportements collectifs négatifs et à promouvoir des comportements plus positifs et constructifs.

Théories de Gustave Le Bon et de Sigmund Freud

Gustave Le Bon, un psychologue social français, a développé une théorie de la psychologie des foules dans son livre «Psychologie des foules» en 1895. Selon Le Bon, les individus perdent leur individualité lorsqu'ils font partie d'une foule et sont ainsi plus facilement influençables. Les foules sont caractérisées par une émotion collective et une conscience commune qui les amène à adopter des comportements irrationnels et impulsifs. Les foules sont également caractérisées par un leader charismatique qui est capable de les diriger dans une direction particulière.

Sigmund Freud, le célèbre fondateur de la psychanalyse, a également étudié les phénomènes de masse. Dans son livre «Psychologie des masses et analyse du moi» en 1921, Freud a proposé que les individus qui font partie d'une foule ont tendance à abandonner leur moi individuel pour rejoindre un moi collectif. Cette perte d'individualité permet aux individus de se libérer de leurs inhibitions et de se comporter de manière irrationnelle et violente. Freud a également souligné l'importance des leaders charismatiques dans la formation de foules et leur capacité à manipuler les émotions et les désirs des individus.

Les théories de Gustave Le Bon et de Sigmund Freud sur
la psychologie des foules ont été très influentes dans
notre compréhension de la manipulation de masse et
du comportement collectif. Cependant, leurs théories
ont également été critiquées pour leur simplification
excessive des comportements humains et leur manque de
considération pour les facteurs sociaux et économiques plus
larges qui influencent le comportement des individus.

Il est important de se rappeler que les individus ne sont
pas simplement des êtres irrationnels qui sont facilement
manipulables par les leaders charismatiques et les émotions
collectives. Les comportements de foule peuvent être
influencés par des facteurs tels que la pauvreté, l'injustice
sociale et l'oppression politique, ainsi que par des acteurs
tels que les gouvernements, les entreprises et les médias qui
cherchent à servir leurs propres intérêts.

De plus, les théories de Le Bon et de Freud ont été
développées au début du 20ème siècle et ont été influencées
par le contexte socio-politique de leur époque. Les
événements historiques tels que les deux guerres mondiales,
la montée du fascisme et du communisme, ainsi que les
mouvements sociaux et les changements technologiques
n'ont pas été pris en compte dans leurs analyses. Il est
donc important de prendre en compte les développements
historiques et les contextes socio-politiques plus larges
lors de l'analyse de la manipulation de masse et du
comportement collectif.

Cependant, les théories de Le Bon et de Freud peuvent être utiles pour comprendre certains comportements de foule et de groupe, tels que la polarisation de groupe et la désindividuation. Par exemple, les réseaux sociaux peuvent permettre la formation de groupes en ligne où les individus partagent des croyances et des opinions communes, renforçant ainsi leur polarisation. De même, l'anonymat en ligne peut conduire à une désindividuation et à un comportement impulsif et irrationnel.

En conclusion, les théories de Gustave Le Bon et de Sigmund Freud ont apporté une contribution importante à notre compréhension de la psychologie des foules et du comportement collectif. Cependant, il est important de les considérer dans leur contexte historique et social et de prendre en compte les facteurs économiques et sociaux plus larges qui influencent le comportement des individus. Ces théories peuvent être utiles pour comprendre certains comportements de foule, mais elles doivent être utilisées avec prudence et en combinaison avec d'autres théories et analyses pour une compréhension plus complète de la manipulation de masse.

Conformisme, obéissance et désindividualisation

Le conformisme, l'obéissance et la désindividualisation sont des concepts clés dans la manipulation de masse. Ces concepts sont importants est permettent de mieux comprendre la formation des comportements collectifs.

Le conformisme peut être vu comme un mécanisme de défense naturel pour les individus qui cherchent à éviter les conflits et à se conformer à la majorité pour être acceptés socialement. Cette tendance peut être amplifiée par l'effet de groupe, qui peut renforcer les normes et les valeurs sociales existantes. Les propagandistes peuvent utiliser des techniques de framing pour inciter les gens à se conformer à un certain point de vue, en présentant les informations d'une manière qui les rendent plus acceptables ou désirables.

L'obéissance peut être considérée comme une conséquence du conformisme, car les individus ont tendance à obéir aux autorités pour éviter les sanctions ou pour se conformer aux normes sociales. Cependant, l'obéissance peut également être renforcée par l'autorité perçue, qui se réfère à la perception que l'autorité a le droit de donner des ordres. Les manipulateurs peuvent utiliser des techniques de persuasion pour renforcer leur autorité perçue et inciter les gens à obéir à leurs ordres.

La désindividualisation est une autre conséquence du conformisme, car les individus peuvent perdre leur identité personnelle en faisant partie d'un groupe. Cette perte d'identité peut conduire à des comportements impulsifs et irrationnels, notamment dans les foules. Les propagandistes peuvent utiliser des techniques de manipulation de masse pour désindividualiser les individus et les inciter à se comporter d'une manière qui serait contraire à leurs valeurs et à leur personnalité.

Pour illustrer l'impact du conformisme, de l'obéissance et de la désindividualisation dans la manipulation de masse, nous pouvons prendre l'exemple de la propagande nazie pendant la Seconde Guerre mondiale. Les propagandistes nazis ont utilisé des techniques de framing pour inciter les Allemands à se conformer aux idéologies nazies, en présentant les informations d'une manière qui les rendait plus acceptables ou désirables. Les nazis ont également renforcé leur autorité perçue en créant un culte de la personnalité autour d'Adolf Hitler, qui était perçu comme un leader charismatique et capable de conduire l'Allemagne vers la grandeur.

Phénomène de polarisation de groupe

La polarisation de groupe est un phénomène qui se produit lorsque les membres d'un groupe deviennent de plus en plus extrêmes dans leurs positions et opinions à mesure qu'ils discutent avec des personnes partageant les mêmes idées qu'eux. Ce phénomène peut être exacerbé par les réseaux sociaux, qui permettent aux individus de se regrouper facilement en fonction de leurs croyances et opinions.

La polarisation de groupe peut être dangereuse car elle peut mener à des conflits et des tensions sociales. Par exemple, une étude a montré que les groupes de discussion en ligne sur des sujets tels que la politique ou la religion ont tendance à devenir plus polarisés au fil du temps, ce qui peut conduire à une désintégration du dialogue et à une diminution de la compréhension entre les différents groupes.

Il est important de comprendre les mécanismes qui sous-tendent la polarisation de groupe pour pouvoir lutter contre ce phénomène. Les théories de la communication, telles que la théorie de la spirale du silence et la théorie de l'agenda-setting, peuvent être utiles pour comprendre comment les médias et les réseaux sociaux peuvent influencer les opinions et les croyances des individus.

Les biais cognitifs, tels que le biais de confirmation, peuvent également jouer un rôle important dans la polarisation de groupe. Les individus ont tendance à rechercher des informations qui confirment leurs croyances existantes, plutôt que de remettre en question ces croyances en recherchant des informations contradictoires.

Il est important de souligner que la polarisation de groupe ne doit pas être confondue avec le fait d'avoir des opinions fortes ou de défendre des convictions. Il est tout à fait possible d'avoir des opinions fermes sans se laisser emporter par la polarisation de groupe.

Pour lutter contre la polarisation de groupe, il est important de favoriser un dialogue constructif entre les différentes parties, en encourageant la discussion et la compréhension mutuelle.

Effet de désinhibition en ligne

La désinhibition en ligne est un phénomène où les individus ont tendance à agir de manière plus impulsive, agressive et souvent plus extrême lorsqu'ils sont en ligne. Cela peut se produire en raison de l'anonymat qu'offre l'utilisation d'un pseudonyme en ligne, ainsi que de la distance physique entre les interlocuteurs.

La désinhibition en ligne peut conduire à une prolifération de comportements antisociaux tels que la cyberintimidation, le harcèlement en ligne, les discours haineux et les propos discriminatoires. Les réseaux sociaux ont rendu les comportements désinhibés en ligne encore plus faciles en offrant une plateforme pour les discussions et les interactions en temps réel.

Les effets de désinhibition en ligne ont été étudiés en psychologie sociale, qui a montré que les comportements en ligne peuvent être très différents de ceux dans la vie réelle. En effet, les gens ont tendance à agir différemment lorsqu'ils interagissent en ligne et cela peut souvent conduire à des conséquences imprévues.

Un exemple de la désinhibition en ligne est le phénomène de trolling, où les internautes postent délibérément des commentaires provocateurs ou offensants dans le but de susciter une réaction. Cette pratique peut causer beaucoup de dégâts, car elle peut s'attaquer à des individus ou des groupes vulnérables.

Un autre exemple de désinhibition en ligne peut être observé dans les jeux vidéo en ligne, où les joueurs peuvent se comporter de manière extrême et agressive en raison de l'anonymat que leur offre leur pseudonyme. Bien sûr cela ne concerne pas tous les joueurs mais certains peuvent se livrer à des insultes, des menaces ou même à des comportements violents, car ils ont l'impression que leurs actions n'ont pas de conséquences dans le monde réel.

Médias et manipulation de l'information

Concentration des médias et pouvoir économique

Dans notre société, les médias jouent un rôle crucial dans la formation de l'opinion publique. Cependant, cette fonction peut être compromise si la concentration des médias entre les mains d'un petit nombre de propriétaires puissants permet d'exercer un contrôle sur le contenu diffusé. En effet, lorsque les médias sont détenus par des entreprises qui ont des intérêts économiques, politiques ou idéologiques spécifiques, cela peut entraîner une distorsion de l'information et de la diversité des points de vue.

Lorsqu'un petit groupe de propriétaires de médias contrôle une grande partie de l'information diffusée dans les médias, cela peut également avoir un impact négatif sur la concurrence et le pluralisme des médias. En effet, les propriétaires de médias ont souvent des intérêts économiques et politiques convergents, ce qui peut influencer la manière dont ils couvrent les événements et les informations diffusées. Cela peut également avoir un impact sur la façon dont les médias concurrents sont traités, ce qui peut entraîner une réduction de la diversité des sources d'information.

La concentration des médias peut également avoir un impact sur la qualité de l'information diffusée. Les propriétaires de médias peuvent être tentés de privilégier les sujets qui attirent le plus d'audience ou de publicité, plutôt que ceux qui sont les plus pertinents ou les plus importants pour la société. De plus, la réduction des coûts peut entraîner une diminution de la qualité de l'information, de la recherche et de la vérification des faits.

Enfin, la concentration des médias peut également avoir des conséquences sur la liberté de la presse et l'indépendance des journalistes. Les propriétaires de médias peuvent exercer des pressions sur les journalistes pour qu'ils modifient ou suppriment des articles qui pourraient être préjudiciables à leurs intérêts économiques ou politiques. Cela peut avoir un effet dissuasif sur la capacité des journalistes à enquêter sur des sujets sensibles ou à critiquer le pouvoir en place.

Pour lutter contre la concentration des médias et le pouvoir économique qui en découle, il est essentiel de soutenir les journalistes indépendants et les médias alternatifs qui ont tendance à être plus libres et à proposer une couverture plus diverse et plus équilibrée des événements.

Fake news et post-vérité

La désinformation, les « fake news » et la « post-vérité » sont devenus des phénomènes courants dans notre société. Les gens sont bombardés de fausses informations et de théories du complot qui ont des conséquences graves sur leur comportement et leur prise de décision. Dans cette section, nous allons examiner ce qu'est la désinformation et comment elle se propage, ainsi que les conséquences de la « post-vérité » sur la société.

La désinformation est définie comme la propagation délibérée de fausses informations ou de théories du complot dans le but de tromper les gens. Les auteurs de la désinformation peuvent être des gouvernements, des entreprises, des groupes politiques ou des individus malveillants qui cherchent à promouvoir leurs propres intérêts. La désinformation est souvent propagée sur les médias sociaux, les forums en ligne et les sites Web, où elle peut se propager rapidement et atteindre un public beaucoup plus large.

Les fausses informations peuvent avoir de graves conséquences sur la société. Elles peuvent affecter la façon dont les gens votent, leur santé et leur bien-être, ainsi que leur comportement dans la vie quotidienne. Par exemple, la désinformation sur les vaccins a conduit à une augmentation des cas de maladies évitables par la vaccination, et la désinformation sur la COVID-19 a entraîné une augmentation du nombre de personnes qui refusent de porter un masque ou de se faire vacciner.

La « post-vérité », quant à elle, est définie comme la tendance à accepter les opinions et les croyances personnelles plutôt que les faits objectifs et vérifiables. La « post-vérité » peut être alimentée par la désinformation, car les gens sont plus enclins à croire ce qui correspond à leurs propres opinions et croyances préexistantes. La « post-vérité » peut également être encouragée par les médias sociaux, où les algorithmes peuvent créer des « bulles de filtres » qui renforcent les opinions préexistantes d'un individu.

Stratégies de diversion et de polarisation

Dans cette section, nous allons explorer les stratégies de diversion et de polarisation utilisées dans la manipulation de masse.

La stratégie de diversion peut prendre plusieurs formes. Elle peut consister en une fausse information qui est propagée pour détourner l'attention de l'opinion publique sur un sujet important. Les médias peuvent également se concentrer sur un sujet mineur et faire un battage médiatique autour de celui-ci pour attirer l'attention du public, tout en ignorant ou minimisant un sujet important. Les gouvernements peuvent également organiser des événements spectaculaires ou des annonces de dernière minute pour détourner l'attention des sujets importants.

Un exemple de stratégie de diversion peut être la manière dont certaines entreprises évitent d'être tenues responsables de leurs actions en créant des scandales mineurs pour distraire l'opinion publique.

Par exemple, lorsqu'une entreprise est accusée de pratiques commerciales douteuses ou de problèmes environnementaux, elle peut tenter de détourner l'attention en organisant un événement spectaculaire qui attirera l'attention des médias et du public. Cette stratégie de diversion est utilisée pour éviter de répondre aux accusations importantes et pour minimiser les conséquences potentielles pour l'entreprise.

La polarisation peut également être utilisée pour diviser

la population. Elle peut prendre la forme d'une opposition artificielle, créée pour diviser les gens en deux camps opposés. Par exemple, un parti politique peut être diabolisé par les médias, créant ainsi une polarisation entre ceux qui le soutiennent et ceux qui le rejettent, sans que le public n'ait les moyens de juger les positions du parti en question.

Les réseaux sociaux peuvent également être utilisés pour diffuser des informations polarisantes et créer des conflits artificiels entre les groupes. Les médias peuvent diaboliser un parti politique ou un candidat, créant ainsi une polarisation entre les partisans et les opposants. Puis les algorithmes de ces réseaux sociaux peuvent amplifier ces messages et les diffuser à grande échelle, créant ainsi une polarisation et une division plus importantes.

Les deux techniques peuvent être utilisées ensemble pour créer une distraction et diviser la population, ce qui facilite la manipulation.

Techniques de gatekeeping et de framing

Dans la manipulation de masse, les techniques de gatekeeping et de framing jouent un rôle essentiel dans la création et la diffusion de l'information. Le gatekeeping est le processus de filtrage de l'information par les médias et les décideurs, tandis que le framing est la manière dont l'information est présentée pour influencer la perception du public.

Les médias ont un rôle important dans le gatekeeping

en choisissant les histoires à couvrir et en décidant de la manière dont elles sont présentées. Cette sélection peut être influencée par des facteurs tels que les préférences des propriétaires des médias, les intérêts des annonceurs ou les relations avec les sources d'information. En contrôlant la diffusion de l'information, les médias peuvent affecter l'opinion publique et l'agenda politique.

Le framing, quant à lui, est une technique utilisée pour influencer la perception du public sur un sujet en utilisant un langage spécifique, des images et des associations qui suscitent des émotions et des réactions. Par exemple, un sujet peut être présenté sous un angle positif ou négatif en fonction de la manière dont il est encadré.

Les politiciens et les lobbyistes utilisent souvent le framing pour façonner l'opinion publique sur les questions politiques. Ils peuvent utiliser des termes émotionnellement chargés pour susciter des réactions, tels que « immigration illégale » ou « réforme fiscale ». Ces termes encadrent la question de manière à ce que le public perçoive les politiques proposées comme positives ou négatives, en fonction de la manière dont elles sont présentées.

Il est important de se rappeler que le framing peut être utilisé pour manipuler les opinions et que les médias peuvent jouer un rôle crucial dans la diffusion de ces cadres. Il est donc essentiel de rester vigilant et d'examiner attentivement les sources d'information et la manière dont les sujets sont présentés.

Influence des relations publiques et du lobbying

Dans notre monde moderne, les relations publiques et le lobbying jouent un rôle de plus en plus important dans la manipulation de masse. Les entreprises, les organisations politiques et les gouvernements utilisent ces techniques pour influencer l'opinion publique en faveur de leurs intérêts. Les relations publiques sont un ensemble de techniques de communication visant à influencer l'opinion publique en faveur d'une entreprise, d'un produit ou d'une organisation, tandis que le lobbying est un moyen de faire pression sur les décideurs politiques pour qu'ils adoptent des politiques favorables à une entreprise ou une organisation.

Les entreprises utilisent souvent les relations publiques pour améliorer leur image de marque et leur réputation. Ils embauchent des professionnels des relations publiques pour créer des messages publicitaires, des événements et des campagnes de communication visant à convaincre les consommateurs que leurs produits ou services sont les meilleurs sur le marché. Les organisations politiques utilisent également les relations publiques pour persuader les électeurs de soutenir leurs candidats et leurs politiques.

Le lobbying est une forme de relations publiques qui se concentre sur les efforts de plaidoyer auprès des décideurs politiques. Les entreprises et les organisations politiques engagent souvent des lobbyistes pour influencer les politiques et les lois qui les concernent. Les lobbyistes travaillent en étroite collaboration avec les décideurs politiques, leur fournissant des informations et des arguments qui les persuadent d'adopter des politiques favorables à leurs clients.

Le lobbying peut prendre plusieurs formes, notamment des campagnes de publicité, des contributions politiques et des efforts de relations publiques. Les entreprises peuvent également organiser des événements et des réunions pour rencontrer les décideurs politiques et discuter de leurs préoccupations.

Cependant, le lobbying peut aussi avoir des conséquences négatives sur la démocratie. Les lobbyistes peuvent faire pression sur les décideurs politiques pour qu'ils adoptent des politiques qui favorisent les intérêts de leurs clients, plutôt que l'intérêt public. Cela peut conduire à des politiques qui sont favorables aux entreprises et aux organisations politiques, mais qui nuisent à la société dans son ensemble.

Pour résister à la manipulation de masse par les relations publiques et le lobbying, les citoyens doivent être conscients de leur existence et de leur impact sur la société. Ils doivent être sceptiques envers les messages publicitaires et les discours politiques et rechercher des informations provenant de sources indépendantes et crédibles.

Les réseaux sociaux et la diffusion des idées

Effet des chambres d'écho et des bulles de filtres

Les réseaux sociaux ont transformé la façon dont nous consommons et partageons l'information. Cependant, cette évolution a également créé des effets néfastes, tels que les chambres d'écho et les bulles de filtres. Ces phénomènes peuvent contribuer à la polarisation de l'opinion publique et à la diffusion de fausses informations.

Les chambres d'écho se produisent lorsque les individus s'entourent d'autres personnes ayant des opinions similaires aux leurs. Ils peuvent donc être exposés à une information qui confirme leurs propres convictions, sans être exposés à des opinions contradictoires. Ce phénomène est amplifié par les algorithmes de recommandation de contenu sur les réseaux sociaux, qui suggèrent des publications en fonction des intérêts et des interactions de l'utilisateur.

Les bulles de filtres, quant à elles, sont le résultat de l'utilisation de filtres pour sélectionner le contenu présenté aux utilisateurs en fonction de leurs centres d'intérêt et de leur historique de recherche. Ainsi, les utilisateurs sont susceptibles de né voir que des informations qui confirment leurs propres convictions, sans être exposés à des points de vue contradictoires.

Ces phénomènes peuvent avoir des effets négatifs sur la société en créant des clivages et des tensions entre les différentes opinions et en réduisant la qualité de l'information disponible. Par exemple, les chambres d'écho peuvent conduire à une polarisation accrue de l'opinion publique, car les personnes ont tendance à adopter des positions plus extrêmes lorsqu'elles sont en présence d'autres personnes partageant les mêmes opinions.

Par exemple durant la révolution égyptienne de 2011 les réseaux sociaux ont joué un rôle important, mais ont également contribué à la polarisation de l'opinion publique. Les partisans de Moubarak et les partisans de l'opposition ont formé des groupes séparés sur Facebook, chacun étant exposé uniquement à des informations qui confirmaient leurs propres convictions.

Viralité et mécanismes d'engagement

La viralité et les mécanismes d'engagement sont des éléments clés dans la manipulation de masse et la diffusion des idées. La viralité fait référence à la propagation rapide et massive d'un contenu sur Internet, généralement par le biais des réseaux sociaux. Les mécanismes d'engagement, quant à eux, sont les moyens par lesquels les internautes interagissent avec le contenu, par exemple en cliquant sur «j'aime», en partageant ou en commentant.

Les réseaux sociaux ont transformé la façon dont les informations sont partagées et consommées. Ils ont permis aux gens de se connecter facilement et rapidement avec un grand nombre d'autres personnes partageant les mêmes intérêts et opinions. Cependant, ils ont également créé des environnements où les idées sont souvent polarisées et les points de vue divergents sont exclus. Les chambres d'écho et les bulles de filtres sont des exemples de ces environnements qui peuvent favoriser la diffusion de fausses informations et la manipulation de l'opinion publique.

Les algorithmes des réseaux sociaux jouent également un rôle important dans la manipulation de masse. Ils peuvent encourager la polarisation en présentant aux utilisateurs des contenus similaires à ceux qu'ils ont déjà consommés, renforçant ainsi leurs convictions et leurs opinions. Les micro-ciblage et les publicités personnalisées sont également utilisés pour cibler spécifiquement les utilisateurs en fonction de leurs intérêts et de leur comportement en ligne, renforçant ainsi leur engagement avec des contenus spécifiques.

Un exemple concerne le mouvement QAnon, une théorie du complot qui a émergé sur les réseaux sociaux en 2017. Les partisans de QAnon croient en un complot mondial impliquant des élites politiques et financières qui cherchent à contrôler le monde. Ils partagent activement du contenu sur les réseaux sociaux pour attirer de nouveaux adeptes et renforcer leur engagement. Cette théorie du complot a connu une forte croissance grâce à la viralité et aux mécanismes d'engagement des réseaux sociaux.

En réponse à ces problèmes, des organisations telles que MediaWise et NewsGuard ont été créées pour promouvoir l'éducation aux médias et lutter contre la désinformation en ligne. MediaWise est une initiative de Google visant à enseigner aux jeunes comment vérifier les faits et détecter les fausses informations en ligne. NewsGuard est un outil de vérification des faits qui évalue la fiabilité des sites web en fonction de critères tels que la précision et la transparence.

Bots et trolls : comment ils influencent les opinions

Les réseaux sociaux ont révolutionné la façon dont nous communiquons et interagissons les uns avec les autres. Ils ont également créé de nouvelles opportunités pour les individus malintentionnés de manipuler les opinions publiques à grande échelle. Les bots et les trolls sont deux exemples de ces pratiques malveillantes qui sont utilisées pour influencer les opinions sur les réseaux sociaux.

Les bots sont des programmes informatiques automatisés qui effectuent des tâches répétitives sur Internet, comme répondre à des tweets ou publier des messages sur des forums de discussion. Les bots peuvent être programmés pour diffuser des messages spécifiques, promouvoir des idées ou des produits, et même générer du trafic pour des sites Web.

Les trolls, quant à eux, sont des individus qui interviennent dans les discussions en ligne en postant des messages provocateurs ou offensants dans le but de créer de la confusion ou de déclencher des réactions négatives. Les trolls peuvent également être engagés pour soutenir une cause ou une personne en particulier en diffusant de fausses informations ou en amplifiant les messages.

Les bots et les trolls sont utilisés dans une variété de contextes, tels que la politique, les affaires, les médias sociaux, les guerres de l'information et la propagande. Ils peuvent être utilisés pour renforcer ou dénigrer une opinion ou une personne, pour créer des chambres d'écho et des bulles de filtres, ou pour susciter des réactions émotionnelles.

Leur efficacité dépend en grande partie de leur capacité à passer inaperçus. Les bots sont souvent programmés pour agir comme des utilisateurs humains, en utilisant des noms d'utilisateurs génériques, des photos de profil aléatoires et en reproduisant le langage et les comportements humains. Les trolls peuvent également cacher leur véritable identité en utilisant des pseudonymes et en utilisant des adresses IP anonymes.

Un exemple de l'utilisation des bots pour influencer les opinions est l'élection présidentielle américaine de 2016. Les enquêteurs ont découvert que des milliers de bots ont été utilisés pour diffuser de fausses informations sur les réseaux sociaux afin de promouvoir la candidature de Donald Trump. Les bots ont également été utilisés pour amplifier les messages négatifs sur les autres candidats, en particulier sur Hillary Clinton.

Un autre exemple de l'utilisation de bots et de trolls est le conflit en Syrie. Les gouvernements et les groupes militants ont utilisé des bots pour promouvoir leur cause et pour diffuser de fausses informations. Les trolls ont également été utilisés pour semer la confusion et pour décrédibiliser les témoignages des victimes du conflit.

L'impact des bots et des trolls sur les opinions publiques est difficile à mesurer, mais plusieurs études ont montré que leur influence peut être significative. Par exemple, des études ont montré que les bots peuvent influencer les tendances de recherche sur Twitter, et que les trolls peuvent affecter la perception des commentaires en ligne et la prise de décision.

Il est donc important d'être conscient de la présence de ces pratiques malveillantes et de prendre des mesures pour les contrer. Les entreprises de médias sociaux et les gouvernements peuvent jouer un rôle important en mettant en place des réglementations pour empêcher l'utilisation abusive des bots et des trolls. Les utilisateurs individuels peuvent également contribuer en signalant les activités suspectes et en développant une pensée critique pour détecter les contenus trompeurs et les faux profils.

Algorithme et polarisation des opinions

L'utilisation d'algorithmes pour personnaliser le contenu en ligne a changé la façon dont nous accédons à l'information. Les algorithmes sont des programmes informatiques qui utilisent des données utilisateur pour recommander des contenus qui pourraient les intéresser. Ces algorithmes peuvent être utilisés pour sélectionner les résultats de recherche, les publicités et les publications sur les réseaux sociaux. Bien que les algorithmes puissent offrir une expérience en ligne personnalisée, ils peuvent également polariser les opinions en filtrant les informations présentées aux utilisateurs.

Par exemple, les algorithmes de recommandation de YouTube ont été critiqués pour avoir conduit les utilisateurs à des vidéos extrémistes et conspirationnistes en raison de la façon dont les vidéos sont triées et recommandées.

Les algorithmes utilisent des données telles que l'historique de recherche, les clics précédents et les informations de profil pour recommander des contenus pertinents aux utilisateurs. Les entreprises utilisent ces données pour adapter leur contenu et leurs publicités en fonction de l'intérêt de l'utilisateur. Cependant, cette personnalisation de l'expérience en ligne peut également créer des bulles de filtres, dans lesquelles les utilisateurs ne sont exposés qu'à des informations qui correspondent à leurs opinions préexistantes. Cette polarisation des opinions peut conduire à une fragmentation de la société, où les gens ne s'exposent qu'à des opinions similaires et ne sont pas exposés à une diversité d'opinions.

Un autre exemple est celui des théories du complot, qui sont souvent amplifiées par les algorithmes des réseaux sociaux. Les personnes qui croient aux théories du complot ont tendance à chercher des informations qui confirment leur point de vue, ce qui signifie que les algorithmes peuvent recommander plus de contenu conspirationniste, ce qui renforce leur conviction. Cela peut conduire à une polarisation accrue de la société et à des divisions plus profondes entre les différentes communautés.

Les algorithmes de réseaux sociaux, tels que Facebook et Twitter, utilisent également des données utilisateur pour recommander des contenus pertinents. Les algorithmes de Facebook sont conçus pour afficher le contenu le plus pertinent et le plus intéressant pour chaque utilisateur. Cependant, cela peut également créer une chambre d'écho, où les utilisateurs ne sont exposés qu'à des opinions similaires à la leur, car le contenu qui ne correspond pas à leurs intérêts n'apparaît pas dans leur fil d'actualités.

Micro-ciblage et publicités personnalisées

Aujourd'hui, les entreprises et les organisations peuvent utiliser des technologies avancées pour micro-cibler des publicités personnalisées en fonction des données des utilisateurs collectées sur les réseaux sociaux et les sites Web qu'ils visitent. Cette technique de marketing permet de fournir des publicités plus pertinentes et plus attrayantes pour les consommateurs ciblés, ce qui peut augmenter les chances qu'ils achètent un produit ou adhèrent à une idée. Cependant, cette pratique soulève des questions éthiques sur l'utilisation des données des utilisateurs et sur la manière dont cela peut affecter leur vie privée et leur liberté de pensée.

Par exemple, en 2018, Facebook a été accusé d'avoir permis à la société de conseil politique Cambridge Analytica d'accéder à des données de plus de 50 millions d'utilisateurs de Facebook pour cibler des publicités politiques personnalisées pendant l'élection présidentielle américaine de 2016. Cambridge Analytica aurait utilisé les données pour cibler les électeurs en fonction de leur psychologie, de leurs opinions politiques et de leurs centres d'intérêt.

Le micro-ciblage consiste à utiliser des algorithmes pour collecter et analyser des données sur les utilisateurs afin de leur proposer des publicités personnalisées en fonction de leurs préférences et de leur comportement en ligne. Les entreprises peuvent cibler les consommateurs en fonction de leur âge, de leur sexe, de leur géolocalisation, de leurs centres d'intérêt et même de leur comportement d'achat antérieur. Les publicités personnalisées peuvent être diffusées sur les réseaux sociaux, les sites Web, les applications mobiles et même les téléviseurs connectés.

Par exemple, Amazon utilise des algorithmes de ciblage pour recommander des produits à ses clients en fonction de leur historique d'achat, de leur historique de navigation sur le site, de leurs recherches et de leurs centres d'intérêt.

Bien que cela puisse sembler être une pratique de marketing efficace, le micro-ciblage soulève des inquiétudes quant à l'impact sur la vie privée des utilisateurs. Les entreprises peuvent collecter des données personnelles sur les utilisateurs sans leur consentement explicite et utiliser ces informations à des fins publicitaires. De plus, les algorithmes peuvent profiler les utilisateurs et les cibler avec des publicités qui peuvent influencer leur opinion et leur comportement, sans qu'ils en soient conscients.

Le micro-ciblage est également préoccupant dans le contexte des élections et de la manipulation de l'opinion publique. Les campagnes politiques peuvent utiliser cette technique pour cibler des publicités politiques personnalisées en fonction de l'âge, du sexe, de la géolocalisation et des opinions politiques des utilisateurs. Ces publicités peuvent être utilisées pour

diffuser de fausses informations, des attaques personnelles
ou pour polariser l'opinion publique.

Les utilisateurs peuvent tout de même limiter la collecte
de données personnelles en ajustant les paramètres de
confidentialité sur les réseaux sociaux et les sites Web
qu'ils visitent. Les entreprises doivent également être
transparentes sur la manière dont elles collectent et utilisent
les données des utilisateurs. Par exemple, en Europe, la
General Data Protection Regulation (GDPR) est entrée
en vigueur en mai 2018 pour protéger la vie privée des
utilisateurs et réglementer la collecte et l'utilisation de leurs
données.

Marketing politique et manipulation électorale

Techniques de communication politique

Dans le domaine de la communication politique, les techniques de persuasion et d'influence sont souvent utilisées pour manipuler l'opinion publique en faveur d'un candidat, d'un parti politique ou d'une idéologie. Ces techniques sont conçues pour cibler les émotions, les peurs et les désirs des électeurs afin de les amener à prendre une décision en faveur du candidat ou du parti en question. Voici quelques-unes des techniques les plus courantes utilisées en communication politique :

L'utilisation de sondages et de données pour manipuler l'opinion publique :

Les sondages peuvent être utilisés pour influencer l'opinion publique en faveur d'un candidat ou d'un parti politique. Les résultats des sondages peuvent être manipulés pour donner l'impression qu'un candidat ou un parti politique est plus populaire qu'il ne l'est en réalité.

Par exemple, lors de l'élection présidentielle de 2020 en Pologne, les sondages ont été utilisés pour présenter le candidat du parti au pouvoir, Andrzej Duda, comme le favori de l'élection, influençant ainsi l'opinion publique en faveur de son parti politique. Cette stratégie a été efficace pour mobiliser les électeurs et encourager les gens à voter pour le parti au pouvoir.

La gestion de l'image et du discours politique :

La gestion de l'image et du discours politique est une technique de communication qui consiste à présenter un candidat ou un parti politique sous un jour favorable. Les discours politiques peuvent être rédigés de manière à mettre en avant les forces et les qualités du candidat ou du parti politique, tout en minimisant les faiblesses et les défauts.

Par exemple, lors de la campagne présidentielle de 2008 aux États-Unis, le candidat Barack Obama a utilisé le slogan « Yes we can » pour promouvoir son message d'espoir et de changement. Cette campagne de communication a été efficace pour attirer les jeunes électeurs et pour encourager les

Les techniques de storytelling et de framing :

Les techniques de storytelling et de framing sont utilisées pour présenter les problèmes politiques sous un certain angle. Les candidats et les partis politiques peuvent utiliser des histoires émouvantes pour engager l'émotion des électeurs, ou bien encadrer un problème de manière à mettre en avant les avantages de leur position.

Par exemple, lors des élections présidentielles françaises de 2017, le candidat Emmanuel Macron a utilisé une approche centrée sur les citoyens pour engager l'émotion des électeurs et pour promouvoir son message de changement. Macron a présenté son programme électoral sous forme de récit, mettant en avant des exemples concrets pour illustrer son propos.

La publicité personnalisée et le micro-ciblage :

La publicité personnalisée et le micro-ciblage sont des techniques qui permettent de diffuser des publicités ciblées en fonction des données démographiques, des préférences politiques et des comportements en ligne des électeurs. Ces publicités peuvent être utilisées pour influencer les opinions des électeurs en faveur d'un candidat ou d'un parti politique.

Par exemple, lors de l'élection présidentielle de 2016 aux États-Unis, la campagne de Donald Trump a utilisé des données démographiques et des comportements en ligne pour cibler les publicités en fonction des préférences politiques des électeurs. Cette technique a été efficace pour influencer l'opinion publique et pour encourager les électeurs à voter en faveur de Trump.

Les campagnes de désinformation :

Les campagnes de désinformation sont des techniques utilisées pour diffuser de fausses informations dans le but de manipuler l'opinion publique. Les campagnes de désinformation peuvent prendre la forme de fausses nouvelles, de rumeurs ou de théories du complot.

Toujours lors de l'élection présidentielle de 2016 aux États-Unis, des campagnes de désinformation ont été utilisées pour diffuser de fausses nouvelles sur les réseaux sociaux. Ces campagnes ont été efficaces pour influencer l'opinion publique et pour encourager les électeurs à voter en faveur d'un candidat ou d'un parti politique plutôt qu'un autre.

Il est important de souligner que toutes ces techniques

de communication politique ne sont pas nécessairement mauvaises en soi. Les candidats et les partis politiques ont le droit de faire campagne et de promouvoir leurs idées. Cependant, il est important que les électeurs soient conscients de ces techniques et qu'ils soient en mesure de prendre des décisions éclairées. Les électeurs doivent être encouragés à rechercher des sources d'information fiables et à faire preuve de pensée critique avant de prendre une décision politique.

Gestion de l'image et du discours politique

La gestion de l'image et du discours politique est une partie essentielle de la manipulation de masse. Les politiciens et les partis politiques utilisent des techniques sophistiquées pour façonner leur image et leur message de manière à obtenir l'adhésion du public.

Les politiciens engagent souvent des consultants en communication pour les aider à élaborer une image publique positive. Ils peuvent utiliser des sondages d'opinion pour déterminer ce qui est populaire auprès du public et ajuster leur image en conséquence. Les politiciens peuvent également se concentrer sur des questions qui sont importantes pour leur base de soutien pour renforcer leur image positive.

En plus de la gestion de l'image, les politiciens utilisent toutes les techniques précédemment énoncer dans l'ouvrage. Des plus sophistiquées au plus simples, pour façonner leur message de manière à obtenir l'adhésion du public.

Ainsi ils peuvent utiliser des techniques de framing pour présenter une question de manière à influencer l'opinion publique. Par exemple, un politicien peut présenter un problème comme étant un choix entre deux options opposées, alors qu'en réalité, il y a plusieurs options possibles.

En présentant une question comme une question de sécurité nationale, les politiciens peuvent convaincre le public de soutenir des mesures qui seraient autrement impopulaires. L'utilisation de termes comme «terrorisme» ou «immigration illégale» peut également influencer l'opinion publique en faveur d'une action gouvernementale plus stricte.

De plus ils peuvent également utiliser des techniques de storytelling pour raconter des histoires qui renforcent leur image et leur message. Les histoires peuvent être utilisées pour présenter un politicien sous un jour positif, en le faisant apparaître comme un héros qui résout les problèmes de la société.

Enfin, les politiciens peuvent utiliser des techniques de persuasion pour convaincre le public de soutenir leur position. Ils peuvent utiliser des principes de persuasion tels que la réciprocité, l'autorité, l'engagement et la preuve sociale pour influencer l'opinion publique et cerise sur le gâteau ils peuvent également utiliser des stratégies de désinformation pour tromper le public et obtenir leur soutien.

Techniques de gerrymandering et de suppression des électeurs

La manipulation électorale peut prendre de nombreuses formes, dont l'une des plus insidieuses est le gerrymandering et la suppression des électeurs. Le gerrymandering est une technique utilisée pour modifier les limites des circonscriptions électorales afin de favoriser un parti politique au détriment de l'autre. Cette pratique peut être effectuée de manière flagrante ou subtile, mais dans tous les cas, elle a pour objectif de garantir la victoire d'un parti politique en manipulant les votes.

Prenons un exemple concret de gerrymandering aux États-Unis. En 2010, après les élections de mi-mandat, les républicains ont remporté un grand nombre de sièges dans les assemblées législatives des États, leur donnant un avantage considérable lors du redécoupage des limites des circonscriptions électorales. En utilisant des données démographiques et électorales, ils ont créé des circonscriptions qui étaient fortement favorables aux républicains, en isolant les électeurs démocrates dans des circonscriptions à majorité démocrate.

Cela a eu pour effet de rendre les élections de plus en plus polarisées et de réduire la représentation des minorités ethniques et socio-économiques dans les assemblées législatives. Cela a également conduit à des politiques publiques qui favorisaient les intérêts des républicains au détriment des intérêts de la population dans son ensemble.

La suppression des électeurs est une autre technique

de manipulation électorale qui vise à empêcher certains électeurs de participer aux élections. Cette technique peut être utilisée de plusieurs manières, telles que la suppression de listes d'électeurs, l'imposition de règles de vote strictes ou l'élimination des bureaux de vote dans les quartiers défavorisés.

En ce qui concerne la suppression des électeurs, prenons l'exemple de l'État de Géorgie lors des élections de 2018. Le secrétaire d'État de l'époque, Brian Kemp, qui était également candidat au poste de gouverneur, avait mis en place une série de mesures visant à décourager les électeurs à participer au processus électoral. Ces mesures comprenaient la fermeture de bureaux de vote dans les quartiers à prédominance noire, l'exigence d'une pièce d'identité avec photo pour voter, la suppression de listes d'électeurs et l'imposition de règles de vote strictes.

Ces techniques de manipulation électorale ont des conséquences néfastes sur la démocratie et la participation des citoyens. Elles peuvent également renforcer les inégalités socio-économiques en marginalisant certains groupes de la société.

La résistance à la manipulation

Éducation aux médias et à l'information

L'éducation aux médias et à l'information est un élément clé pour aider les individus à comprendre et à résister à la manipulation de masse. Cette éducation devrait commencer dès le plus jeune âge et se poursuivre tout au long de la vie.

Une approche essentielle consiste à apprendre aux individus à identifier et à évaluer les sources d'information. Il est important de comprendre que toutes les sources ne sont pas égales, et qu'il est essentiel de disposer d'informations fiables pour se forger une opinion informée. Les individus doivent apprendre à distinguer les faits des opinions, les sources d'information fiables des sources d'information douteuses ou trompeuses, et les arguments solides des arguments fallacieux.

Pour faciliter cet apprentissage, il est possible de se baser sur des analogies. Par exemple, on peut comparer la consommation d'information à la consommation de nourriture : comme pour la nourriture, il est important de se demander d'où proviennent les informations que l'on consomme, quels sont les ingrédients qui les composent, et si elles sont bonnes pour notre santé mentale et notre bien-être.

En plus de comprendre les sources d'information, les individus doivent également apprendre à reconnaître les techniques de manipulation de masse. Cela inclut la compréhension des biais cognitifs, des techniques de persuasion et d'influence, ainsi que des stratégies de propagande et de framing.

L'apprentissage de la pensée critique est également essentiel. Les individus doivent apprendre à poser des questions, à remettre en question les idées reçues, à évaluer les preuves et à faire preuve d'esprit critique face à l'information qu'ils reçoivent.

L'utilisation de l'humour et des métaphores peut être une bonne méthode pour aider à l'apprentissage de la pensée critique. Par exemple, on peut utiliser l'analogie du détective pour aider les individus à comprendre l'importance de poser des questions et de rechercher des preuves pour arriver à une conclusion solide.

Enfin, il est important d'encourager les individus à diversifier leurs sources d'information. Les individus doivent comprendre que les médias ont des biais et des intérêts, et que l'exposition à une gamme de perspectives peut aider à comprendre les enjeux de manière plus complète.

En conclusion, l'éducation aux médias et à l'information est un élément clé pour aider les individus à résister à la manipulation de masse. Les individus doivent apprendre à identifier et à évaluer les sources d'information, à reconnaître les techniques de manipulation, à développer la pensée critique et à diversifier leurs sources d'information. Cela peut être facilité par l'utilisation d'analogies et de métaphores pour aider à la compréhension.

Importance de la diversité des sources d'information

Dans notre monde moderne, nous sommes exposés à une grande quantité d'informations provenant de différentes sources. Cependant, toutes les sources ne sont pas fiables et certaines peuvent même être malveillantes, avec l'objectif de manipuler et d'influencer l'opinion publique. Par conséquent, il est crucial de diversifier ses sources d'information pour éviter de tomber dans le piège de la manipulation de masse.

En effet, la diversité des sources d'information permet d'avoir une vue plus large et plus nuancée des événements et des sujets d'actualité. En exposant notre esprit à des perspectives différentes et des points de vue contradictoires, nous pouvons développer notre esprit critique et notre capacité à évaluer les informations de manière indépendante. Cela peut nous aider à éviter de croire aveuglément les discours simplistes ou les fausses informations qui sont souvent diffusés dans les médias et sur les réseaux sociaux.

Pour diversifier ses sources d'information, il est important de chercher des médias et des sites d'information qui ont une réputation d'objectivité et de fiabilité. Il est également utile de consulter des sources internationales pour avoir une perspective différente sur les événements qui se produisent dans notre propre pays. Enfin, il est important de suivre des sources qui ont une perspective différente de la nôtre, même si nous ne sommes pas d'accord avec elles. Cela peut nous aider à comprendre les arguments des personnes qui ont des points de vue différents et à trouver des points de convergence.

En résumé, la diversité des sources d'information est essentielle pour développer notre esprit critique et éviter la manipulation de masse. En étant exposés à des perspectives différentes et contradictoires, nous pouvons mieux comprendre les événements et les sujets d'actualité et prendre des décisions éclairées. Il est donc important de chercher des sources d'information fiables et de se tenir informé de manière active et indépendante.

Développement de l'esprit critique et de la pensée rationnelle

Dans un monde où les informations sont omniprésentes et où la désinformation peut facilement être propagée, il est crucial de développer notre esprit critique et notre pensée rationnelle pour nous protéger contre la manipulation de masse. Le développement de l'esprit critique et de la pensée rationnelle implique plusieurs étapes clés qui peuvent nous aider à mieux comprendre et analyser les informations qui nous sont présentées.

La première étape consiste à remettre en question nos croyances et nos hypothèses. Nous devons être ouverts à la remise en question de nos opinions et de nos positions, et être prêts à examiner les arguments et les preuves qui les soutiennent. Nous devons également être conscients de nos biais et de nos préjugés, et être prêts à les remettre en question.

La deuxième étape consiste à rechercher des sources d'information fiables et crédibles. Il est important de se fier à des sources d'information qui ont fait leurs preuves et qui sont réputées pour leur fiabilité et leur impartialité. Nous devons également être conscients des sources biaisées et de la propagande, et être prêts à examiner les informations de manière critique.

La troisième étape consiste à évaluer les arguments et les preuves présentés. Nous devons être prêts à examiner les preuves et à évaluer leur fiabilité et leur pertinence. Nous devons également être conscients des techniques de manipulation de masse qui peuvent être utilisées pour présenter des arguments trompeurs ou fallacieux.

La quatrième étape consiste à développer nos compétences en matière de raisonnement logique et de résolution de problèmes. Nous devons être prêts à examiner les informations de manière critique et à évaluer les arguments en utilisant des méthodes de raisonnement logique rigoureuses. Nous devons également être capables de résoudre les problèmes de manière créative et de proposer des solutions qui sont fondées sur des preuves solides et des arguments logiques.

La cinquième étape consiste à communiquer nos conclusions de manière claire et concise. Nous devons être capables de communiquer efficacement nos idées et nos conclusions, en utilisant un langage clair et précis. Nous devons également être prêts à écouter les opinions des autres et à discuter de manière constructive et respectueuse.

En résumé, le développement de l'esprit critique et de la pensée rationnelle est un processus continu qui implique la remise en question de nos croyances et de nos hypothèses, la recherche de sources d'information fiables et crédibles, l'évaluation des arguments et des preuves présentés, le développement de nos compétences en matière de raisonnement logique et de résolution de problèmes, et la communication efficace de nos conclusions. En développant ces compétences, nous pouvons mieux nous protéger contre la manipulation de masse et contribuer à un monde plus éclairé et conscient.

Encourager le dialogue et le débat constructif

Dans cette section, nous allons explorer l'importance du dialogue et du débat constructif dans la lutte contre la manipulation de masse. Il est essentiel de comprendre que la manipulation de masse fonctionne souvent en exploitant les peurs, les préjugés et les émotions des gens, et en présentant des informations biaisées ou trompeuses pour influencer leur opinion. Pour contrer cela, il est crucial de créer un environnement où les gens peuvent s'exprimer librement et échanger des points de vue de manière ouverte et respectueuse.

Le dialogue et le débat constructif peuvent jouer un rôle clé dans la lutte contre la manipulation de masse en encourageant les gens à considérer différentes perspectives et à examiner les informations de manière critique. Le dialogue peut aider à dissiper les malentendus et à clarifier les points de vue, tandis que le débat constructif peut aider à identifier les faiblesses dans les arguments et à améliorer les idées en les confrontant à d'autres perspectives.

Cependant, il est important de noter que le dialogue et le débat constructif ne sont efficaces que s'ils sont menés de manière respectueuse et équitable. Cela signifie que tous les participants doivent être prêts à écouter attentivement les autres points de vue et à considérer les preuves présentées avant de répondre. De plus, le débat doit être mené dans un esprit de coopération plutôt que de confrontation, et chaque participant doit être encouragé à exprimer ses opinions de manière respectueuse et non agressive.

Il est également important de créer un environnement sûr et inclusif pour que tous les participants se sentent à l'aise de s'exprimer. Cela signifie que les participants doivent être respectueux les uns envers les autres, éviter de stigmatiser les opinions des autres et ne pas faire pression sur les autres pour qu'ils se conforment à une opinion particulière.

Enfin, le dialogue et le débat constructif doivent être soutenus par des informations factuelles et fiables. Les participants doivent être encouragés à vérifier les faits et à considérer des sources d'information diverses et crédibles avant de prendre position. Dans un monde où la désinformation est omniprésente, il est essentiel de s'appuyer sur des faits vérifiables pour éviter d'être trompé.

En conclusion, le dialogue et le débat constructif peuvent jouer un rôle crucial dans la lutte contre la manipulation de masse. En encourageant les gens à considérer différentes perspectives et à examiner les informations de manière critique, nous pouvons aider à créer un environnement où les opinions sont fondées sur des faits et non sur des émotions manipulées. Cela nécessite un engagement actif de la part de chacun pour être prêt à écouter attentivement, à considérer les preuves présentées et à s'exprimer de manière respectueuse et non agressive.

Annexe : Études de cas et exemples historiques

Les campagnes de propagande des régimes totalitaires

Les campagnes de propagande menées par les régimes totalitaires tels que le nazisme et le communisme ont marqué l'histoire par leur ampleur et leur efficacité. Ces régimes ont compris l'importance de la manipulation de masse pour contrôler l'opinion publique et asseoir leur pouvoir sur la population. Leur objectif était de créer un consensus autour de leur idéologie, d'éliminer toute opposition et de faire accepter leur vision du monde comme la seule réalité possible.

Les régimes totalitaires ont mis en place des dispositifs de propagande très sophistiqués, mobilisant tous les moyens de communication disponibles : presse, radio, cinéma, affiches, discours publics, etc. Ils ont utilisé des techniques de manipulation éprouvées, telles que la répétition, la désinformation, l'appel à l'autorité et la manipulation émotionnelle. Ils ont également recouru à des symboles et des images fortes pour marquer les esprits et susciter l'adhésion de la population.

Le régime nazi en Allemagne a utilisé la propagande pour diffuser son idéologie antisémite et justifier la persécution des Juifs. Le Parti nazi a mis en place un dispositif de propagande sophistiqué, utilisant notamment des

affiches, des journaux, des films et des discours publics
pour diaboliser les Juifs et présenter leur extermination
comme une nécessité pour la survie de la nation. De plus
les nazis ont créé des caricatures et des stéréotypes de
juifs, les accusant de tous les maux de la société. Ils ont
également organisé des manifestations et des boycotts de
commerces juifs pour renforcer leur discours antisémite.
L'une des campagnes les plus célèbres est celle de la «Nuit
de Cristal» en novembre 1938, qui a vu les nazis attaquer et
incendier des commerces juifs et des synagogues dans toute
l'Allemagne.

De même, le régime communiste en Union soviétique a
utilisé la propagande pour justifier la répression politique et
économique. Le Parti communiste a diffusé son idéologie
à travers des affiches, des films, des journaux et des
discours publics, présentant le communisme comme la
seule voie possible pour l'émancipation des travailleurs
et la construction d'une société juste. Cependant, cette
propagande a également été utilisée pour justifier la
répression politique et l'élimination des opposants au régime.
L'un des exemples les plus connus est la Grande Terreur de
1937-38, qui a vu l'arrestation et l'exécution de centaines de
milliers de personnes soupçonnées de s'opposer au régime.

Ces campagnes de propagande ont été d'autant plus
efficaces qu'elles ont été menées dans un contexte de crise
économique, politique et sociale, propice à la désorientation
et à la recherche de repères. Les régimes totalitaires ont
ainsi exploité les peurs et les incertitudes de la population
pour faire passer leur message et renforcer leur emprise sur
la société.

Cependant, les campagnes de propagande des régimes totalitaires ont également montré leurs limites. Elles ont fini par susciter la méfiance et la résistance de certains groupes de la population, notamment les intellectuels et les artistes, qui ont critiqué ouvertement le régime. Les mouvements de résistance ont également contribué à délégitimer la propagande et à mobiliser l'opinion publique contre le régime.

En conclusion, les campagnes de propagande menées par les régimes totalitaires ont été des exemples frappants de manipulation de masse. Ils ont utilisé des techniques sophistiquées pour contrôler l'opinion publique et imposer leur idéologie. Toutefois, ces campagnes ont également montré leurs limites, notamment en raison de la résistance de certains groupes de la population. Il est important de comprendre ces mécanismes pour éviter de tomber dans les mêmes pièges à l'avenir.

L'influence des médias dans les guerres et les conflits (ex. guerre du Vietnam, guerre en Irak)

La guerre est souvent utilisée comme un moyen de manipulation de masse pour justifier les actions et rallier le soutien de la population. Les médias ont un rôle crucial dans la façon dont les conflits sont perçus et compris par le public, ainsi que dans la manière dont les gouvernements peuvent justifier leur intervention dans les conflits armés.

Prenons l'exemple de la guerre du Vietnam. Les médias ont joué un rôle important dans la formation de l'opinion publique et l'opposition à la guerre. Les images de soldats américains tués ou blessés, ainsi que de civils vietnamiens innocents, ont choqué l'opinion publique et ont contribué à la montée de l'opposition à la guerre aux États-Unis. Les reportages des journalistes tels que Walter Cronkite ont également contribué à faire comprendre aux gens les coûts humains de la guerre et ont alimenté le mouvement de protestation.

Cependant, l'impact des médias sur la guerre ne s'arrête pas là. Les médias ont également un rôle important à jouer dans la façon dont les gouvernements justifient leur intervention dans les conflits armés. Par exemple, dans le contexte de la guerre en Irak, les médias ont largement diffusé les allégations selon lesquelles le régime irakien de Saddam Hussein possédait des armes de destruction massive, ce qui a servi de justification à l'invasion de l'Irak par les États-Unis. Cependant, ces allégations se sont révélées fausses, et de nombreux critiques ont accusé les médias d'avoir été manipulés par le gouvernement américain pour soutenir la guerre.

Il est important de souligner que les gouvernements peuvent manipuler les informations diffusées dans les médias pour susciter des réactions émotionnelles et justifier des actions militaires controversées. Par conséquent, il est important pour les citoyens de rester vigilants et critiques vis-à-vis des informations qu'ils reçoivent, en faisant preuve de discernement et en examinant les sources d'information de manière approfondie.

Les journalistes, quant à eux, ont également un rôle important à jouer pour éviter la manipulation de l'information pendant les conflits armés. Ils doivent s'efforcer de fournir des informations précises et équilibrées sur les événements en cours, en les vérifiant auprès de plusieurs sources fiables. De plus, ils doivent être conscients de leur responsabilité envers le public et s'efforcer de faire preuve d'impartialité et d'objectivité.

Enfin, il est important de noter que les médias peuvent également jouer un rôle positif dans la résolution des conflits armés. En couvrant les événements de manière objective et en encourageant le dialogue entre les parties en conflit, les médias peuvent contribuer à la réduction des tensions et à la promotion de la paix.

Campagnes de marketing politique réussies

La manipulation de masse est une pratique courante dans le monde de la politique, où les campagnes de marketing politique sont utilisées pour influencer l'opinion publique et remporter les élections. Les campagnes de marketing politique réussies, telles que celles menées par Barack Obama, Brexit et Donald Trump, ont été étudiées pour comprendre les techniques de persuasion et d'influence utilisées pour obtenir des résultats.

La campagne de Barack Obama en 2008 est considérée comme l'une des campagnes de marketing politique les plus réussies de tous les temps. Le slogan «Yes We Can» a été largement utilisé pour mobiliser les électeurs, en particulier les jeunes et les minorités, et le message d'espoir et de changement a été répété de manière cohérente tout au long de la campagne. La campagne a également utilisé les réseaux sociaux de manière efficace, en utilisant les plateformes pour mobiliser les électeurs, diffuser des messages clés et collecter des fonds.

Brexit, la campagne qui a conduit au départ du Royaume-Uni de l'Union européenne en 2016, est un exemple de campagne de marketing politique réussie qui a utilisé des techniques de manipulation émotionnelle pour influencer les électeurs. La campagne a mis l'accent sur la peur de l'immigration, en utilisant des slogans tels que «Take back control» pour promouvoir la souveraineté nationale et l'indépendance. Les partisans de la campagne ont également utilisé les médias sociaux pour diffuser des informations trompeuses et des fausses nouvelles, renforçant ainsi la polarisation et la désinformation.

La campagne de Donald Trump en 2016 est également un exemple de campagne de marketing politique réussie qui a utilisé des techniques de persuasion et d'influence pour mobiliser les électeurs. La campagne a mis l'accent sur le message «Make America Great Again», qui a été répété de manière cohérente tout au long de la campagne. La campagne a également utilisé les médias sociaux de manière efficace, en utilisant des tactiques telles que le micro-ciblage et les publicités personnalisées pour atteindre des groupes spécifiques d'électeurs.

Ces campagnes de marketing politique réussies ont toutes utilisé des techniques de persuasion et d'influence pour mobiliser les électeurs et gagner des votes. Les techniques utilisées comprennent la répétition de messages clés, l'utilisation de slogans simples et mémorables, l'utilisation des médias sociaux pour mobiliser les électeurs, et la création d'une polarisation pour renforcer les opinions.

L'impact des réseaux sociaux sur les révolutions et les mouvements sociaux

Les réseaux sociaux ont eu un impact majeur sur les mouvements sociaux et les révolutions dans le monde entier. Leur capacité à faciliter la diffusion rapide de l'information et à mobiliser des masses de personnes a créé de nouvelles opportunités pour les mouvements de contestation. Cependant, leur rôle dans ces mouvements a également soulevé des questions sur la manière dont ils peuvent être utilisés pour influencer et manipuler les opinions publiques.

Le Printemps Arabe a été l'un des premiers exemples de la capacité des réseaux sociaux à mobiliser rapidement les masses. En Tunisie, l'activiste politique Mohamed Bouazizi s'est immolé par le feu pour protester contre le harcèlement policier. Les photos de son corps enflammé ont été partagées sur Facebook et Twitter, créant une vague de protestations qui a finalement conduit à la chute du président Zine El Abidine Ben Ali. Les réseaux sociaux ont également joué un rôle important dans les mouvements de contestation en Égypte, en Libye et en Syrie.

Le mouvement Occupy a également utilisé les réseaux sociaux pour mobiliser et organiser les protestations. Les manifestations ont commencé dans le parc Zuccotti de New York en septembre 2011, mais se sont rapidement répandues dans d'autres villes américaines et du monde entier. Le hashtag #OccupyWallStreet a rapidement pris de l'ampleur sur Twitter, permettant aux manifestants de partager des informations et des photos en temps réel.

Les Gilets Jaunes en France ont également été largement mobilisés grâce aux réseaux sociaux. Le mouvement a commencé en novembre 2018 en réponse à une augmentation de la taxe sur les carburants, mais s'est rapidement transformé en une protestation plus large contre la politique économique du gouvernement. Les Gilets Jaunes ont utilisé les réseaux sociaux pour organiser des manifestations, partager des vidéos de violences policières et mobiliser l'opinion publique.

Cependant, les réseaux sociaux ont également été utilisés pour manipuler l'opinion publique et influencer les résultats des élections. En 2016, des trolls russes ont utilisé les réseaux sociaux pour influencer l'élection présidentielle américaine en faveur de Donald Trump. Ils ont créé de faux comptes pour diffuser des informations trompeuses, semer la discorde et encourager la polarisation politique.

Il est important de noter que l'impact des réseaux sociaux sur les mouvements sociaux n'est pas toujours positif. Les réseaux sociaux peuvent amplifier les voix de ceux qui sont sous-représentés et marginalisés, mais ils peuvent également être utilisés pour diffuser de fausses informations et manipuler l'opinion publique. Il est donc essentiel de comprendre comment les réseaux sociaux sont utilisés dans les mouvements sociaux et de promouvoir une utilisation responsable et éthique de ces outils.

Toute bonne chose a une fin et vous voilà désormais arrivé au bout de cet ouvrage.

Je tiens à vous remercier du fond du cœur pour avoir pris le temps de le lire jusqu'ici. Votre intérêt pour les sujets de la manipulation de masse et du consentement est une preuve de votre engagement à comprendre les enjeux qui affectent notre monde.

En écrivant ce livre, j'ai cherché à contribuer à la discussion sur ces questions cruciales et à offrir des pistes de réflexion pour aider à éveiller notre conscience collective. J'espère que ce livre vous a été utile et qu'il vous a inspiré à continuer à explorer ces sujets importants. Encore une fois, merci infiniment pour votre lecture.